吳墉祥在台日記

（1966）

The Diaries of Wu Yung-hsiang at Taiwan, 1966

民國日記｜總序

呂芳上
民國歷史文化學社社長

人是歷史的主體，人性是歷史的內涵。「人事有代謝，往來成古今」（孟浩然），瞭解活生生的「人」，才較能掌握歷史的真相；愈是貼近「人性」的思考，才愈能體會歷史的本質。近代歷史的特色之一是資料閎富而駁雜，由當事人主導、製作而形成的資料，以自傳、回憶錄、口述訪問、函札及日記最為重要，其中日記的完成最即時，描述較能顯現內在的幽微，最受史家重視。

日記本是個人記述每天所見聞、所感思、所作為有選擇的紀錄，雖不必能反映史事整體或各個部分的所有細節，但可以掌握史實發展的一定脈絡。尤其個人日記一方面透露個人單獨親歷之事，補足歷史原貌的闕漏；一方面個人隨時勢變化呈現出不同的心路歷程，對同一史事發為不同的看法和感受，往往會豐富了歷史內容。

中國從宋代以後，開始有更多的讀書人有寫日記的習慣，到近代更是蔚然成風，於是利用日記史料作歷

史研究成了近代史學的一大特色。本來不同的史料,各有不同的性質,日記記述形式不一,有的像流水帳,有的生動引人。日記的共同主要特質是自我(self)與私密(privacy),史家是史事的「局外人」,不只注意史實的追尋,更有興趣瞭解歷史如何被體驗和講述,這時對「局內人」所思、所行的掌握和體會,日記便成了十分關鍵的材料。傾聽歷史的聲音,重要的是能聽到「原音」,而非「變音」,日記應屬原音,故價值高。1970年代,在後現代理論影響下,檢驗史料的潛在偏見,成為時尚。論者以為即使親筆日記、函札,亦不必全屬真實。實者,日記記錄可能有偏差,一來自時代政治與社會的制約和氛圍,有清一代文網太密,使讀書人有口難言,或心中自我約束太過。顏李學派李塨死前日記每月後書寫「小心翼翼,俱以終始」八字,心所謂為危,這樣的日記記錄,難暢所欲言,可以想見。二來自人性的弱點,除了「記主」可能自我「美化拔高」之外,主觀、偏私、急功好利、現實等,有意無心的記述或失實、或迴避,例如「胡適日記」於關鍵時刻,不無避實就虛,語焉不詳之處;「閻錫山日記」滿口禮義道德,使用價值略幾近於零,難免令人失望。三來自旁人過度用心的整理、剪裁、甚至「消音」,如「陳誠日記」、「胡宗南日記」,均不免有斧鑿痕跡,不論立意多麼良善,都會是史學研究上難以彌補的損失。史料之於歷史研究,一如「盡信書不如無書」的話語,對證、勘比是個基本功。或謂使用材料多方查證,有如老吏斷獄、法官斷案,取證求其多,追根究柢求其細,庶幾還原

案貌,以證據下法理註腳,盡力讓歷史真相水落可石出。是故不同史料對同一史事,記述會有異同,同者互證,異者互勘,於是能逼近史實。而勘比、互證之中,以日記比證日記,或以他人日記,證人物所思所行,亦不失為一良法。

從日記的內容、特質看,研究日記的學者鄒振環,曾將日記概分為記事備忘、工作、學術考據、宗教人生、游歷探險、使行、志感抒情、文藝、戰難、科學、家庭婦女、學生、囚亡、外人在華日記等十四種。事實上,多半的日記是複合型的,柳貽徵說:「國史有日歷,私家有日記,一也。日歷詳一國之事,舉其大而略其細;日記則洪纖必包,無定格,而一身、一家、一地、一國之真史具焉,讀之視日歷有味,且有補於史學。」近代人物如胡適、吳宓、顧頡剛的大部頭日記,大約可被歸為「學人日記」,余英時翻讀《顧頡剛日記》後說,藉日記以窺測顧的內心世界,發現其事業心竟在求知慾上,1930 年代後,顧更接近的是流轉於學、政、商三界的「社會活動家」,在謹厚恂恂君子後邊,還擁有激盪以至浪漫的情感世界。於是活生生多面向的人,因此呈現出來,日記的作用可見。

晚清民國,相對於昔時,是日記留存、出版較多的時期,這可能與識字率提升、媒體、出版事業發達相關。過去日記的面世,撰著人多半是時代舞台上的要角,他們的言行、舉動,動見觀瞻,當然不容小覷。但,相對的芸芸眾生,識字或不識字的「小人物」們,在正史中往往是無名英雄,甚至於是「失蹤者」,他們

如何參與近代國家的構建，如何共同締造新社會，不應該被埋沒、被忽略。近代中國中西交會、內外戰事頻仍，傳統走向現代，社會矛盾叢生，如何豐富歷史內涵，需要傾聽社會各階層的「原聲」來補足，更寬闊的歷史視野，需要眾人的紀錄來拓展。開放檔案，公布公家、私人資料，這是近代史學界的迫切期待，也是「民國歷史文化學社」大力倡議出版日記叢書的緣由。

導言

侯嘉星
國立中興大學歷史學系助理教授

　　《吳墉祥在台日記》的傳主吳墉祥（1909-2000），字茂如，山東棲霞縣人。幼年時在棲霞就讀私塾、新式小學，後負笈煙台，畢業於煙台模範高等小學、私立先志中學。中學期間受中學校長、教師影響，於1924年加入中國國民黨；1927年5月中央黨務學校在南京創設時報考錄取，翌年奉派於山東省黨部服務。1929年黨務學校改為中央政治學設大學部，故1930年申請返校就讀，進入財政系就讀，1933年以第一名成績畢業。自政校畢業後留校擔任助教3年，1936年由財政系及黨部推薦前往安徽地方銀行服務，陸續擔任安慶分行副理、經理，總行稽核、副總經理，時值抗戰軍興，隨同皖省政府輾轉於山區維持經濟、調劑金融。1945年因抗戰勝利在望，山東省主席何思源遊說之下回到故鄉任職，協助重建山東省銀行。

　　1945年底山東省銀行正式開業後，傳主擔任總經理主持行務；1947年又受國民黨中央黨部委派擔任黨營事業齊魯公司常務董事，可說深深參與戰後經濟接收與重建工作。這段期間傳主也通過高考會計師合格，並當選棲霞區國民大會代表。直到1949年7月因戰局逆轉，傳主隨政府遷台，定居於台北。1945至1950這

6 年間的日記深具歷史意義，詳細記載這一段經歷戰時淪陷區生活、戰後華北接收的諸般細節，乃至於國共內戰急轉直下的糾結與倉皇，可說是瞭解戰後初期復員工作、經濟活動以及政黨活動的極佳史料，已正式出版為《吳墉祥戰後日記》，為戰後經濟史研究一大福音。

1949 年來台後，除了初期短暫清算齊魯公司業務外，傳主以會計師執照維生。當時美援已進入台灣，1956 年起受聘為美國國際合作總署駐華安全分署之高級稽核，主要任務是負責美援項目的帳務查核，足跡遍及全台各地。1960 年代台灣經濟好轉，美援項目逐漸減少，至 1965 年美援結束，傳主改任職於中美合營之台達化學工業公司，擔任會計主任、財務長，直到1976 年退休；國大代表的職務則保留至 1991 年退職。傳主長期服務於金融界，對銀行、會計及財務工作歷練豐富，這一點在《吳墉祥戰後日記》的價值中已充分顯露無遺。來台以後的《吳墉祥在台日記》，更是傳主親歷中華民國從美援中站穩腳步、再到出口擴張達成經濟奇蹟的各個階段，尤其遺留之詳實精采的日記，成為回顧戰台灣後經濟社會發展的寶貴文獻，其價值與意義，以下分別闡述之。

一

史料是瞭解歷史、探討過去的依據，故云「史料為史之組織細胞，史料不具或不確，則無復史之可言」（梁啟超，《中國歷史研究法》）。在晚近不斷推陳出新的史料類型中，日記無疑是備受歷史學家乃至社會各

界重視的材料。相較於政府機關、公司團體所留下之日常文件檔案，日記恰好為個人在私領域中，日常生活留下的紀錄。固然有些日記內容側重公事、有些則抒發情懷，但就材料本身而言，仍然是一種私人立場的記述，不可貿然將之視為客觀史實。受到後現代主義的影響，日記成為研究者與傳主之間的鬥智遊戲。傳主寫下對事件的那一刻，必然帶有個人的想法立場，也帶有某些特別的目的，研究者必須能分辨這些立場與目的，從而探索傳主內心想法。也因此，日記史料之使用有良窳之別，需細細辯證。

那麼進一步說，該如何用使日記這類文獻呢？大致來說，良好的日記需要有三個條件，以發揮內在考證的作用：（1）日記之傳主應該有一定的社會代表性，且包含生平經歷，乃至行止足跡等應具體可供複驗。（2）日記須具備相當之時間跨度，足以呈現長時段的時空變化，且年月日之間的紀錄不宜經常跳躍脫漏。（3）日記本身的文字自然越詳細充實越理想，如此可以提供豐富素材，供來者進一步考辨比對。從上述三個條件來看，《吳墉祥在台日記》無疑是一部上佳的日記史料。

就代表社會性而言，傳主曾擔任省級銀行副總經理、總經理，又當選為國大代表；來台後先為執業會計師，復受聘在美援重要機構中服務，接著擔任大型企業財務長，無論學經歷、專業素養都具有相當代表性。藉由這部日記，我們可以在過去國家宏觀政策之外，以社會中層技術人員的視角，看到中美合作具體的執行情

況，也能體會到這段時期的政治、經濟和社會變遷。

而在時間跨度方面，傳主自 1927 年投考中央黨務學校起，即有固定寫作日記的習慣，但因抗戰的緣故，早年日記已亡佚，現存日記自 1945 年起，迄於 2000 年，時間跨度長達 55 年，僅 1954 年因蟲蛀損毀，其餘均無日間斷，其難能可貴不言可喻。即便 1945 年至 1976 年供職期間的日記，也長達 32 年，借助長時段的分析比對，我們可以對傳主的思想、心境、性格，乃至習慣等有所掌握，進而對日記中所紀錄的內容有更深層的掌握。

最重要的，是傳主每日的日記寫作極有條理，每則均加上「職務」、「師友」、「體質」「娛樂」、「家事」、「交際」、「游覽」等標題，每天日記或兩則或三則不等，顯示紀錄內容的多元。這些內容所反映的，不僅是公務上的專業會計師，更是時代變遷中的黨員、父親、國民。因此從日記的史料價值來看，《吳墉祥在台日記》能帶領我們，用豐富的角度重新體驗一遍戰後台灣的發展之路，也提供專業財經專家觀點以及可靠的事件觀察記錄，讓歷史研究者能細細品味 1951 年至 1976 年這 26 年間，種種宏觀與微觀的時代變遷。

二

戰後中華民國的各項成就中，最被世界所關注的，首推是 1980 年代前後台灣經濟奇蹟（Taiwan Economic Miracle）了。台灣經濟奇蹟的出現，有其政策與產業的背景，1950 年開始在美援協助下政府進行基礎建設

與教育投資，配合進口替代政策發展國內產業。接著在
1960 年代起，推動投資獎勵與出口擴張、設立加工出
口區，開啟經濟起飛的年代。由於經濟好轉，1963 年
起台灣已經累積出口外匯，開始逐步償還美援，在國際
間被視為美援國家中的模範生，為少數能快速恢復經濟
自主的案例。在這樣的時代背景中，美援與產業經營，
成為分析台灣經濟奇蹟的關鍵。

　　《吳墉祥在台日記》中，傳主除了來台初期還擔任
齊魯公司常務董事，負責清算業務外，直到 1956 年底
多憑會計師執照維持生計，但業務並不多收入有限，反
映此時台灣經濟仍未步上軌道，也顯示遷台初期社會物
質匱乏的處境。1956 年下半，負責監督美援計畫執行
的駐華安全分署招聘稽核人員，傳主獲得錄用，成為美
方在台雇用的職員。從日記中可以看到，美援與中美合
作並非圓滑順暢，1956 年 11 月 6 日有「中午王慕堂兄
來訪，謂已聞悉安全分署對余之任用業已確定，以前在
該署工作之中國人往往有不歡而散者，故須有最大之忍
耐以與洋員相處云」，透露著該工作也不輕鬆，中美合
作之間更有許多幽微之處值得再思考。

　　戰後初期美援在台灣的重大建設頗多，傳主任職期
間往往要遠赴各地查帳，日記中記錄公務中所見美援支
出項目的種種細節，這是過去探討此一課題時很少提到
的。例如 1958 年 4 月前往中橫公路工程處查帳，30 日
的日記中發現「出於意外者則另有輔導會轉來三萬餘元
之新開支，係輔導會組織一農業資源複勘團，在撥款時
以單據抵現由公路局列帳者，可謂驢頭不對馬嘴矣。除

已經設法查詢此事有無公事之根據外，當先將其單據內容加以審核，發現內容凌亂，次序亦多顛倒，費時良久，始獲悉單據缺少一萬餘元，當交會計人員與該會再行核對」。中橫公路的經費由美援會提供公路局執行，並受美方監督。傅主任職的安全分署即為監督機構，從這次的查帳可以發現，對於執行單位來說，往往有經費互相挪用的便宜行事，甚至單據不清等問題，傅主查帳時一一指出這些問題乃為職責所在，亦能看到其一絲不苟的態度。1962 年 6 月 14 日傅主前往中華開發公司查帳時也注意到：「中華開發信託公司為一極特殊之構成，只有放款，並無存款，業務實為銀行，而又無銀行之名，以余見此情形，甚懷疑何以不能即由 AID（國際開發總署）及美援會等機構委託各銀行辦理，豈不省費省時？現開發公司待遇奇高，為全省之冠，開支浩大，何以必設此機構辦理放款，實難捉摸云」，顯然他也看到許多不合理之處，這些紀錄可提供未來探討美援運用、中美合作關係的更深一層面思考。

事實上，最值得討論的部分，是傅主在執行這些任務所表現出來的操守與堅持，以及這種道德精神。瞿宛文在《台灣戰後經濟發展的源起：後進發展的為何與如何》一書中強調，台灣經濟發展除了經濟層面的因素外，不能忽略經濟官僚的道德力量，特別是這些人經歷過大陸地區的失敗，故存在著迫切的內在動力，希望努力建設台灣以洗刷失敗的恥辱。這種精神不僅在高層官僚中存在，以傅主為代表的中層知識分子與專業人員，同樣存在著愛國思想、建設熱忱。這種愛國情懷不能單

純以黨國視之，而是做為知識分子對近代以來國家認同發自內心的追求，這一點從日記中的許多事件細節的描述可以觀察到。

三

　　1951 年至 1965 年間，除了是台灣經濟由百廢待興轉向起飛的階段，也是政治社會上的重大轉折年代。政治上儘管處於戒嚴與動員戡亂時期，並未有太多自由，但許多知識分子仍然有自己的立場批評時政，特別是屬於私領域的日記，更是觀察這種態度的極佳媒介，從以下兩個小故事可以略窺一二。

　　1960 年頭一等的政治大事，是討論總統蔣中正是否能續任，還是應該交棒給時任副總統的陳誠？依照憲法規定，總統連選得連任一次，在蔣已於 1954 年連任一次的情況下，不少社會領袖呼籲應該放棄再度連任以建立憲政典範。然而國民大會先於 3 月 11 日通過臨時條款，無視憲法條文規定，同意在特殊情況下蔣得以第二度連任。因此到了 3 月 21 日正式投票當天，傳主在日記中寫下：

> 上午，到中山堂參加國民大會第三次會議第一次選舉大會，本日議程為選舉總統……蓋只圈選蔣總統一人，並無競選乃至陪選者，亦徒具純粹之形式而已。又昨晚接黨團幹事會通知，囑一致投票支持，此亦為不可思議之事……開出圈選蔣總統者 1481 票，另 28 票未圈，等於空白票，此皆為預料中之

　　結果，於是街頭鞭炮齊鳴，學生遊行於途，電台廣
　　播特別節目，一切皆為預定之安排，雖甚隆重，而
　　實則平淡也。

這段記述以當事人身分，重現了三連任的爭議。對於選
舉總統一事也表現出許多知識分子的批評，認為徒具形
式，特別是「雖甚隆重，而實則平淡也」可以品味出當
時滑稽、無奈的複雜心情。

　　1959 年 8 月初，因颱風過境造成中南部豪雨成
災，為二十世紀台灣最大規模的天災之一，日記中對此
提到：「本月七日台中台南一帶暴雨成災，政府及人民
已展開救災運動，因災情慘重，財產損失逾十億，死傷
在二十五萬人左右（連殃及數在內），政府正做長期計
畫，今日起禁屠八天，分署會計處同人發起募捐賑災，
余照最高數捐二百元」。時隔一週後，傳主長女即將赴
美國留學，需要繳交的保證金為 300 元，由此可知八七
水災中認捐數額絕非小數。

　　日記的特點在於，多數時候它是傳主個人抒發內心
情緒的平台，並非提供他人瀏覽的公開版，因此在日記
中往往能寫下當事人心中真正想法。上述兩個小例子，
顯示在政治上傳主充滿愛國情操，樂於發揮人溺己溺
的精神援助他人；但他也對徒具形式的政治大戲興趣缺
缺，甚至個人紀錄字裡行間均頗具批判意識。基於這樣
的理解，我們對於《吳墉祥在台日記》，可以進行更豐
富細緻的考察，一方面同情與理解傳主的心情；另一方面
在藉由他的眼光，觀察過去所發生的大小事件。

四

　　然而必須承認的是，願意與傳主鬥智鬥力，投入時間心力的歷史研究者，並非日記最大的讀者群體。對日記感興趣者，更多是作家、編劇、文人乃至一般社會大眾，透過日記的閱讀，體驗另一個人的生命經歷，不僅開拓視野，也豐富我們的情感。確實，《吳墉祥在台日記》不單單是一位會計師、財金專家的工作紀錄簿而已，更是一位丈夫、六名子女的父親、奉公守法的好公民，以及一個「且認他鄉作故鄉」（陳寅恪詩〈憶故居〉）的旅人。藉由閱讀這份日記，令人感受到的是內斂情感、自我紀律，以及愛國熱情，這是屬於那個時代的回憶。

　　歷史的意義在於，唯有藉由認識過去，我們才得以了解現在；了解現在，才能預測未來。在諸多認識過去的方法中，能承載傳主一生精神、豐富閱歷與跌宕人生旅程的日記，是進入門檻較低而閱讀趣味極高的絕佳媒介。《吳墉祥在台日記》可以是歷史學者重新思考戰後台灣經濟發展、政治社會變遷不同面向的史料，也是能啟發小說家、劇作家們編寫創作的素材。總而言之，對閱讀歷史的熱情，並不局限於象牙塔、更非專屬於少數人，近年來大量出版的各類日記，只要願意嘗試接觸，它們將提供讀者無數關於過去的細節與經驗，足供做為將我們推向未來的原動力。

編輯凡例

一、 吳墉祥日記現存自 1945 年至 2000 年，本次出版
　　 為 1951 年以後。

二、 古字、罕用字、簡字、通同字，在不影響文意
　　 下，改以現行字標示。

三、 難以辨識字體或遭蟲蛀，以■表示。

四、 部分內容涉及家屬隱私，略予刪節，恕不一一
　　 標注。

日記照片選錄

Farmicetina

TYPHOID AND PARATYPHOID FEVER
Izar G. - «Riv. Med.», 44, 1951.

Instead of administering to the patients either chloramphenicol alone or sulphaguanidine alone in the treatment of salmonellosis in general and in particular of the typhoid and paratyphoid infections, the Author has tried an alternated administration of the 2 drugs (Farmicetina and Coliseptale). The experiment was successful. One capsule of chloramphenicol of 250 mg. or 2 tablets of Coliseptale were administered alternatively every 3 hours; in the 24 hours 8 tablets of Coliseptale and 4 capsules of Chloramphenicol, i.e. 1 g., are given.

march
thursday
11

九月一日　星期四　晴

　　職務-撰寫八月份業務會報資料，昨提今日主任召見俱，及用完料之間之差及財務之減縮少，而今年擴展之生加多，為望有關之展：Capital Expenditure 等為先，像工廠本身對此了立甚注重，描述限之空前，可規不甚確實，私以借況庫。

　　交際-本社紀行舉行二十周年紀念酒會，各連參加，遂聲色這有化友及紀念品或酒杯等。

星期五　晴　颱風暈接近

　　職務-批復息苦林，各來積對好日以便讀者有各可申訴，綜合所得報知復和筆，之好今年連續教字抄下，據各銷售對此業完全明以每年量佫古世追溯以斷，余昔心立家之以組織營等為得到相到用研究元，以西此斷以但報願貼費值得久心引人以式齊，對今年中以益信家佫用了各習絡，且可批時應充設合外則出未動用也。

　　家事-批苦批足林型料紅往八記各視各陰時刊可文甚刻了細因文字向其表示，以加鼓勵，今後第一信誤立志凡子排家，當況遠愛的契中事化。

九月三日　星期六　晴　陣雨

　　職務-以行書佫作家庫中心送文庫其修以来續因參大展聖甲於法期在款材惠，佫自有何作起場外週行足所制無家業各安立甲各內街各過文度程多事一快利也。

　　娛樂-到中山堂看電影，為片 Gadant muskateers，似因各劇阿其五影，案立詩佫中之家筆，譯各劇似風雲，頗甚妙得懷多。

九月四日　星期日　晴

　　家事-作業之型相立足及林似紅影表建之写步居住，接今以多得苫以地去，祝尾様收物立印設，居家心勢所明明，地达字程，以多四常國似一防肉爬勁快，故得甚如缺了。

　　娛樂-今夕到同写文報中心看山水鵬平劇八渡，為来健屋演話力保惜即，其作際上以唱肢佫促住，呈末假況由不够抑揚佫力故，又諸對的佫看多山，世代有古手，完全為練明說唱，故呆手故火中。

Criseociclina

march thursday 29

十二月二十一日　星期三　晴

十二月二十二日　星期四　晴

十二月二十三日　星期五　晴

十二月二十四日　星期六　晴

Farmidone antihistaminic

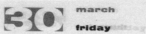

十二月二十五日　星期日　晴

十二月二十六日　星期一　陰

十二月二十七日　星期二　陰

十二月二十八日　星期三　晴

Plemocil

STIMULATION OF LIVER BILE EXCRETION
Cima G., Bonora R. - « Min. Med. », 50, 2288, 1959.

The Authors studied the activity of cynarin (Plemocil), investigating on various groups of patients to ascertain the changes induced in diuresis, in basic blood cholesterol level, in the quality and quantity of duodenal juice. The dose administered was 3 tablets of Plemocil per day (0.75 g. of cynarin). The duodenal juice was noted to acquire greater digestive capacity in respect of the lipids, proteins and glucides, and the blood cholesterol level was lowered.

january
wednesday
31

Steranabol

GENERALIZED ARTERIOSCLEROSIS
Avena G. - « O Hospital », 57, 989, 1960.

The Author administered 10 mg. of Steranabol for 20 days to a group of 20 arteriosclerotic patients, with cardiovascular disturbances, rhythm disturbances and decompensation. The dose was increased to 30 mg. per day, and subsequently reduced to 20 mg. toward the end of the treatment course. The results obtained can be summarized as follows: normalization of the cardiac rhythm, improvement of weight and physical strength, disappearance of anorexia, reduction of amnesia, psychic asthenia, and disappearance of insomnia.

NOTES

目　錄

1966 年（58 歲）

1月1日　星期六　晴
元旦

上午九時，到中山堂參加總統府召集之新年團拜，由蔣總統宣讀文告。

娛樂

晚，偕紹彭到三軍托兒所看台大平劇社演劇，首為三娘教子，平平，二為蕭翔鷫戰樊城，工夫不淺，台風亦佳，末為蘇可勝、李景嵐、劉興漢合演之起解會審，蘇一人到底，而愈唱愈有力，全劇互二小時，了無鬆弛之處，雖藝員不是過也，曩見其彩排崑曲，亦有造詣，真崑亂並擅矣。

1月2日　星期日　晴陣雨
娛樂

看小大鵬公演，全班楊排風與崔富芝等之二進宮，均尚佳。

1月3日　星期一　晴
娛樂

張中寧兄贈票，於晚間到師範大學看該校學生話劇公演，劇名「煙雨濛濛」，為此間一女作者之小說所改編，寫一軍閥之家庭的破滅，共五幕三場，劇中對話雖多富警惕之意義，然全篇主題終嫌晦塞不明，此間一般作品往往如此也。

1月4日　星期二　晴
職務

　　依政府規定新年放假連星期日為三天，今日開始辦公，因在年頭歲尾，結帳尚未開始，故百端待理，而半月即是春節，須發放年終獎金，現款尚無，挹注之方為趕向交通銀行辦理押款，該行高雄分行以信用調查表空白二份交高雄廠轉來填寫，本可交同人辦理，又不能趕赴時間，故終日蒐集資料，填寫此表。

1月5日　星期三　晴
職務

　　自昨日填寫之交通銀行調查表，因兩天來事務繁多，又加以開會談話，時作時輟，直至今日始行完成，立即寄交高雄工廠，並詢據此間交通銀行主辦人云，該行放款委員會通過本貸款為五百萬元，交高雄分行辦理，故處理手續將由高雄方面辦理，余並立即以電話通知高雄廠加速洽辦云。

交際

　　晚，宴請此間各外資企業會計人員於李園，到Campbell 及 McElroy 等十人，席間並討論建議政府簡化半年一次之所得稅扣繳後辦理扣繳憑單用印手續為每年一次，只報總數。

1月6日　星期四　晴
職務

　　今日全為與稅捐稽徵處打交道，上午有營業稅股長

來談進口業以 Usance 方式向本地銀行所支付之進口遠
期貸款利息在銀行只以一小部分收手續費帳，而另以大
部分收海外銀行同業帳，乃發生營業稅與所得稅應否扣
繳及由銀行抑由進口商扣繳之問題，此問題在探討中，
尚無結論；下午到稅捐處與營利事業所得稅股談 53 年
本公司所得稅審核後被剔除之項目，據告剔除有七項共
三十餘萬元，須即補繳，希望此案於一、二日內結束。

1 月 7 日　星期五　晴
職務

　　每半年一次之所得稅扣繳申報自去年十二月即將扣
繳憑單備好，只差利息部分尚有二張無地址填入，直至
今日始行填入，乃趕往稅捐處辦理，因尚有三天截止，
且到時為下午辦公方始開始，故只一刻鐘即行完成，
迅速出乎意料，又聞稅捐處要求填寫被扣繳人一年前地
址，余未照填，但亦未生問題。寫上月工作報告，備余
本月十日提出業務會報，其中並有提案對於年終盤存請
查明缺點與改進之道。

1 月 8 日　星期六　晴
職務

　　五十三年本公司所得稅已由林審核員作最後之核
定，據稱本為尚須補納一萬至二萬元，但經再行將其他
收入與其他費用兩項加入調整後，則免稅部分之所占比
例乘以應免之數額後，又變為不須補稅，尚須退稅一萬
餘元，但由於須加九千餘元之短估金，故只退千餘元即

可結案云，自此一事決定後，余與金毅君上午訪林君致
酬並約其午飯於狀元樓，據金君云，此為本公司若干年
來所得稅之最順利的結案云。

1月9日　星期日　晴

職務

會計處人員全體加班辦理上年底決算，余於下午前
往照料，適查帳人員蘇君亦在，彼又提出若干可有可無
之調整分錄，余為免與其作無謂之爭論，故一一照辦，
其中包括：（1）年底銀行代收到之票據，本公司一月首
日始知並未入帳之九萬餘元，（2）前收入存入保證金他
人存單一張，作為現金，須沖出後作為備查紀錄，只登
總帳不列資產負債表，凡此皆為可是可否之處理，且細
微無甚大問題者也。

瑣記

各女之睡房本用疊席，今日鳩工改裝地板，至此全
部均為地板，全屋已無疊席矣。

1月10日　星期一　晴

職務

舉行業務會報，余於報告事項外，並提出嚴格核對
年終盤存之提案，緣依照物料管理規則，此項年終盤存
必須舉行，此次且由查帳人員會同舉行，實際清點已有
記載，只待十二月底之原物料帳結出餘額，立即發現差
額而須加以解釋或消除，故希望各有關部門對此通力合
作云。

參觀

　　晚，參觀商品展覽會，其中有台達之攤位，似頗熱鬧，此次商展情況不甚熱烈，陳列館及攤位皆尚不滿云。

1 月 11 日　星期二　晴
職務

　　辦理年終考績，余對本處四人予以考評，皆大醇小疵。填寫向交通銀行借款約據，交高雄廠朱會計，囑明日即行與交通高雄分行接洽動用，以便於十五日前發放年終獎金云。為今年辦理增資事與趙、馬二總副總理商談手續，中外股東皆不願於增資之盈餘付現金作為綜合所得稅，則勢將不按所得稅法規定申請以當年四分之一作為擴充設備而免營利事業所得稅矣。

1 月 12 日　星期三　晴
職務

　　菲律賓查帳人員仍在工作中，此種人有一共同點，即莫不自以為是，如有互相矛盾之事而受人詢問時，則文過飾非或以二者皆是以自解嘲，又有一共同點即膠柱鼓瑟，以一公式而行之四海，罔知顧全當地特殊環境，然此間外資單位多請其查帳，則因間接為紐約所知，而能運用英文也，至於其在此無資格執行業務，全以宋作楠為掩護，則又鮮人知之矣。本公司將託程寶嘉辦理公司增資登記，今日已先初步交換意見，頗有出入。

1月13日　星期四　晴
職務

　　編製十二月底之 Capital Expenditure Schedule 送經馬副總經理檢討修正後，作為定稿，蓋上年之四個新工程計劃均已完成，應依預算數加以比較送表至紐約，大致言之，機器設備與公用設備在帳冊上之餘額分配於四個計劃均甚適合，房屋亦然，土地則超過甚多，因實際買地在前而新工程計劃之核定在後，且預算額不足實際支付額，好在餘地極大，此四計劃只用其一部分，所餘即為將來其他計劃之用矣。菲律賓會計師查帳中之武斷與信口雌黃日有加甚，今晨又指摘本公司帳上建築設備帳內有 site improvement 因折舊率不同，須另立科目，余叱其非，謂中美會計習慣，皆不得隨時以意增科目，況在同一科目內之財產不必皆用一個折舊率，叱其非是，自覺作色過甚，事後並向馬副總經理說明，此等幼稚查帳員不予教訓將益狂妄，馬氏亦召其談話，下午始稍稍斂迹。

1月14日　星期五　晴
職務

　　十二月底之 Capital Expenditure Schedule 經用電話送請馬副總經歷核閱後，認為有須修正之處，當即定稿，旋又發現與過去送過之部分資料有所出入，於是乃再加調整，因時間迫促，自行發出，此一問題之癥結在於一年來之報表無法由帳上產生，須由會計與工程雙方斟酌填報，迨年底必須照已結清之帳面為之，乃不甚

合轍矣。趕辦十二月份月報表，傍晚始竟，接寫 cover letter，對特殊事項一一加以解釋，直至夜分始竣事，參加製表打字同仁多人晚飯聚餐。

1月15日　星期六　晴
職務

連日因籌款、借債、發放年終獎金、製表寫信，工作極度繁忙，今日略感疲憊，故將時間性不大之事予以延緩。下午，到飛機場接 Mobil 之遠東區稽核所派 M. Williams 來台，彼將留台兩月查本公司與慕華公司帳，晚約其在馬來亞餐廳便飯，並談台灣一般情形甚詳。

1月16日　星期日　晴曇
瑣記

修理房屋將紹寧、紹因兩女之房間疊席改為地板，並趁木器尚未移入之前，於今日將壁櫥加以清除，其中本皆為書籍，然有永久性者不多，乃加以分別，將歷屆國民大會各項文件、光復大會各項文件以及實踐研究院之實踐月刊等均將重要者保留，不重要者完全銷毀並作廢紙出售，以騰新地位焉。

1月17日　星期一　晴曇
職務

為由交通銀行之美金器材貸款內續買進口 PS Fabrication 用模，須用美金約六千元，通知該行照撥，並商台灣合作金庫為之擔保 25 萬元等值台幣，同時將

合庫抵押中之愛國公債贖回如數，請該庫擔任保證，
今日下午雙方談妥，立辦文送往合庫。遠東區 Mobil
Socony Auditor M. Williams 開始來公司工作，其初步工作
為了解一般情況，口說多於查閱，故日間費卻若干時間
向其解說一切問題，因而日常事務只擇有時間性者為
之，其他竟難以兼顧，今日特別感覺忙碌，而又不能請
他人為助，甘苦唯自知之。

1月18日　星期二　晴陣雨
職務
　　因應付查帳人員詢問事項，費去時間太多，日常工
作乃有積壓，今晨雖早到辦公室，著手寫本月份薪俸
表，乃因中間動輒因事打斷，而思路受阻，竟錯誤叢
生，而特別用去許多時間，直至下午始行完畢，急送華
南銀行備明日發薪。下午舉行業務會報，此本為最無趣
味之事，乃藉此休憩，始覺不致難以支持也。
家事
　　晚，到中和鄉姑丈家約舊曆除夕來寓晚餐，未遇，
留字。

1月19日　星期三　晴陣雨
職務
　　由於查帳人員之詢問多端，時間極覺不夠支配，上
午處理日常事務及答復查詢電報後，即續與 Williams 談
話一小時，答復其 questionnaire，下午又與余相約，余
告以實來不及，乃改期再談矣，余趁下午時間將所扣本

月薪資所得稅核算明白填送公庫繳納，因須按起扣點及人數綜合計算，亦需相當時間始可入轍。下午又趕將應送交通銀行之信用調查表填好並打清附件，送交通銀行，因該行曾來電話催辦，余允於舊曆年前照送也。

師友

晚，隋玠夫兄在都城餐廳請客，皆係與合作金庫研究室有關人員。

1 月 20 日　星期四　雨

職務

填寫送紐約之 Annual Report 中之 Long Term Debt 一附表及重編周君誤填之目錄表，並將其所備之表編排好，草擬一項致送公函備明日發出，由於中間工作時作時輟，自早八時開始至下午六時始竟，中間因公司全體同仁聚餐於第一飯店而間斷三小時。

家事

今日舊曆除夕，晚餐外客有紹彭老師彭君，曾約姑丈，未見前來。

1 月 21 日　星期五　晴曇

交際

今日為舊曆元旦，上午出發拜年，計到之處為王德垕、余井塘、逄化文、楊紹億、王文甲、周天固、金鏡人、黃德馨、廖國庥、張中寧、王一臨、曾明耀、吳先培、隋玠夫、李公藩、佟志伸、田子敏、Mar、徐嘉禾、趙榮瑞、姚冠午、林石濤、成雲璈等家，今日來

拜年者為王德垕、于政長、邵光裕（余上午往，邵兄昨晚先來並有餽贈，德芳贈林賢靜畫柿條幅）、佟志伸夫婦、曾明耀、冷剛鋒、張中寧、逄化文、金鏡人、廖國庥、謝持方、馬麗珊夫婦、徐一飛、黃德馨、王一臨、楊紹億、李德修、張彤、張鑫等。

職務

　　四更即起對日來所作之對 Mobil 之年報表複核，發現昨日所作長期負債表填寫有誤，無可奈何中加一註腳，然後送馬副總經理寓所請簽發，未遇，留字。

1月22日　星期六　晴

交際

　　上午，同德芳出外拜年，先到徐一飛家，再到廖毅宏家，然後到姑丈家，於是分別二路，德芳到宋志先兄家，余到冷剛鋒家，余再到溝子口喬修梁家、大坪新村劉振東先生家。下午出外答拜李德修與謝持方二君。今日來答拜及拜年者有吳先培、李德民及廖毅宏夫婦，又答拜蘇景泉兄。

1月23日　星期日　晴陣雨

集會

　　上午，到中山堂報到參加國民大會臨時會，手續極為簡單，此前已報九百餘。

交際

　　上午到會賓樓參加同鄉春節團拜，通過請立法委員提出向教育部質詢將初中歷史內有辱齊人之文句予

以改正。

1 月 24 日　星期一　晴陣雨
職務

　　春節後第一天恢復辦公，上午聯袂與各同仁到樓上華夏、友寧與開南等公司向各同仁拜年，對面華南銀行經副理來拜年，並往答拜。今日普通事務減少，乃以較多時間應付 Mobil 查帳人 Williams 之詢問，今日所詢事項為有關 cash、notes receivable 與 accounts receivable 等等問題，並詳細解釋統一發票之開發與報繳程序等。前數日送出之年報表，原為周煥廷君所填好交余者，渠今日又發現遺漏一種附表，乃辦公函補送，但已逾廿七日之到達限期矣。

1 月 25 日　星期二　晴
職務

　　今日答復稽核 Williams 之 Questionnaire 歷三小時半，其問題雖多卑之無甚高論，然為解說實際狀況，實煞費唇舌，尤其於 Capital Expenditure Schedule 之編製，於各個 projects 之不能完全由實支數得來，說明非常不易，蓋此項月報表向來未照帳面製成，直至最後始按總數填入，然後分配於各計劃，此情形余只好照實說明，並告以此事均經與馬副總經理討論決定者云。上午同馬副總經理及採購組高君往訪台灣銀行刁君，接洽進口結匯事。

交際

　　晚，訪樓有鍾兄及馬麗珊夫婦等，答拜新年。又周天固兄曾來答拜。

1月26日　星期三　晴

職務

　　到合作金庫接洽出具擔保信函致交通銀行，繼續動用 PS Fabrication 之美金貸款五千八百元美金。到交通銀行接洽請繼續支付義大利廠商之 Know-how 費美金三萬元，保證方面因花旗銀行與合作金庫均已額滿，請囑其高雄分行代其總行保管相當數額之抵押品，但該行人員云其常董會所通過者為十足銀行擔保，余見此事有問題，歸乃謀之馬副總經理，並主張函高雄廠向其他銀行商洽保證，必要時可就近提供抵押品云。

交際

　　晚，外資公司會計人員聚會於中國飯店，通過向政府要求改善綜合所得稅扣繳憑單上地址與戶籍之困擾問題。

1月27日　星期四　晴

職務

　　填送外貿會每年一度之工廠調查表，其主包括財務與產銷資料，但尚不比各銀行所製之表格為繁難。Mobil 稽核 Williams 下午約談四小時，仍為就其印就之 questionnaire 發問，有時加以發揮，今日談應收帳款、固定資產、遞延資產與成本中未成品與盤存等程序，又

談關於進口及採購原料付款等問題。

1月28日　星期五　晴陣雨
職務

　　Mobil 稽核 Williams 正在閱本公司傳票，彼不悉中文，故只由借貸科目上之所註英文及金額作分析了解，但摘要則完全不知，故須向余查詢，但余因彼之見解，而自審對於 Mobil 之各項規則未曾寓目，此等規則或根本未到，或到時在余至公司服務前，事實上無暇加以檢閱，故事先不能得知，然由此亦得知或有應加進一步了解之事，固亦大佳。

1月29日　星期六　雨
職務

　　本月廿日送紐約之年度報表有三個附表未送，紐約來電催送並囑先行電報總數，此三表因製表之周君誤以為其另函定期二月十一日所要各該表補充資料即係該表本身而未送，乃於今日補製並打送，直至下午六時始將表、電及信送出。查帳人員 Williams 查核若干與未完工程有關之傳票，其中有沖帳者，彼一再尋根究底，並核對未完工程與所送 Capital Expenditure 之差異原因，經過再三解釋，始行了然。

1月30日　星期日　雨
交際

　　上午，同德芳到板橋答拜童世芬夫婦之春節拜年，

又到佟志伸夫婦家答拜。

瑣記

數月前將舊用大木床腰斬為二，其一已製成書架一只，其餘一半因須配購兩邊用木板，直至數日前始行配到，終於今日將另一書架製成，此一廢物利用，可謂極巧妙而又極經濟也。

集會

下午，到勞保局參加黨校同學茶會，由方青儒、石鍾琇、張中寧諸兄報告即將舉行之國民大會臨時會與創制複決權之行使問題。

1月31日　星期一　雨

職務

全日大部分時間用於案牘，其一為 Kinsella 由東京來函質詢何以上年底之短期借款達一千二百萬元之多，內容如何，復函說明並非全為借款，其中亦含應付帳款，至於為數過多，乃由於應收帳款之過多，且與日俱增，其二為答復 Allen 由紐約來函質問何以所送之 Capital Expenditure Schedule 不將土地列入，只列三分之二，如全部列入超出 10% 時，應送 Deficit AFE，一派咬文嚼字，經即回信告以土地乃老台達所買，勿以 AFE 嚇人云，下午到交通銀行接洽改用實物抵押借用美金三萬元事，等待其經理近二小時，未遇而返。寫作下月七日舉行業務會報之報告資料，因明日出差，恐無時間再寫也。

2月1日　星期二　晴
省克

連日均在極忙亂之處境中，而菲律賓查帳人員又以極細微之事故喋喋不休，故示有見，在忍無可忍之情況下，出以盛怒，當時係臨不能不發之境，然事後深以涵養不夠為悔，且對該查帳人員已為第二次，尤應切戒。

旅行

下午四時四十分由台北乘觀光號火車出發南下，於十時半到高雄，常住之勝發旅社客滿，住其對面自由之家，甚嘈雜。

2月2日　星期三　晴
職務

此次赴高雄，原為備美國查帳人員 Williams 之查詢，故自到達之時起，全日為應付其詢問而忙碌，其中有為已經詢問其工廠人員不得要領而又詢問於余者，大體上對於工廠內之若干手續認為有鬆弛脫節處須加以整飭，余亦認為有其必要，只因過去積重難返，縱有擬議，亦難付諸實施，Williams 之查帳重點即為在 procedure 上著眼，可稱扼要也。

2月3日　星期四　晴
職務

因馬副總經理急於對本公司以分紅轉投資擬定方案向東京方面提供意見，余因所草擬之件限於工作情形時作時輟，今日又恐早到工廠在 Williams 查帳要求下又將

難以脫身，乃於早起先在旅社（克林飯店）將函稿完
成，交打字小姐清稿後與馬君略加解釋後待其再行發
出，然後其餘時間即在工廠答其詢問。上午又同朱慶
衍君到交通銀行訪其經理楊君不遇，晤副理吳君，相
談甚洽。

旅行

下午四時一刻乘遠東飛機回台北，同行者美人
Williams，在起飛前赴機場途中，所乘車碾斃羔羊一
隻，為之不豫者久之。六時到台北。

娛樂

晚同德芳到中山堂看國大會議之平劇晚會，鈕方雨
演拾玉鐲，章遏雲演碧玉簪，均極佳。

2月4日　星期五　陰

職務

今日時間部分應付 Williams 之詢問，部分處理兩天
來之積務。

師友

喬棟臣兄來函謂國民大會政黨提名代表聯誼會希望
不到的會員亦能儘量出席，余乃與德芳晚間往訪，探詢
真相，談話甚多，並託交聯誼會會費二百元，據云改列
席為出席事仍在極力進行中，似乎並非無望云。

2月5日　星期六　陰雨

職務

上午，到交通銀行訪國外部經理與主管科長談最

後支付義大利 Know-how 費三萬美金由工廠提供抵押
品事，阮經理謂將於星期二提放款委員會修正原通
過條件云。下午 Williams 又談話一小時半，其印就之
questionnaire 已告完畢。

集會

　　下午到漢中街參加提名代表聯誼會，發言盈庭，雖
甚多中肯而悲憤，然不少以意為之，無裨實際者，如此
意見紛歧，恐不易有成也。

2月6日　星期日　晴

集會

　　上午，在三軍聯大參加國父紀念週，由蔣總統對全
體國大代表黨員報告對於此次臨時會創制複決權問題之
中央決策，認為目前最重要者為團結一致，不可黨內自
生分化，自己對立，希望此次應循創制只為法律原則，
開會由總統召集及不設常設機構等原則作最後之解決，
歷時七十分鐘，態度堅決，但措詞婉轉，出以笑容滿面
之輕鬆表情，博得全體掌聲，論者謂如早有此一說明，
應免除若干數日來之摩擦，其奈中央及國大黨部人員只
知通令，不知聯絡何！

2月7日　星期一　晴

集會

　　上午八時中央黨部招待全體國大代表於國賓飯店，
每人早點一客，由秘書長報告希望今日大會踴躍出席
以足法定人數，通過照蔣總裁指示之實行創制複決權

辦法。

職務

為交通銀行貸撥義大利 Know-how 費之貸款抵押品
事，趕製十二月底之成品與原料清單，因中間干擾太
多，交他員複核又生錯誤，致一再更正，至下午五時始
將文送出。下午舉行業務會報四小時，關於會計部分余
除書面外，並報告以貸款方式撥付義大利 know-how 費
遲延之原因。

2月8日　星期二　晴

職務

上午，Williams 向工廠會計朱慶衍君查詢成本計算
方法事，約余亦在座，以供譯述，最後並提出一問題，
即 work-in-process 之年底餘額有浮列情事，經余與周君
核對，發現係以往月份有誤將在產品多列之事，經決定
仍行轉正，以便一月之餘額不致受其連累云。

師友

下午，到中山堂將出席國大臨時會閉幕禮及總統茶
會，到遲未能參加，退而到立法院訪韓兆岐兄，答拜新
年拜年，不遇，留片。

2月9日　星期三　晴

職務

查帳人員 Williams 之初稿報告已經送閱，但似乎利
用其空餘時間，又在檢查其隨手而來之傳票與單據，以
覘核准程序，並注意單據已否於付款後註銷又於余之說

明中發覺問題，於是又擾攘多時，至下班後始暫休，又
彼對於預付購料款一科目認為應純粹為對人帳戶，不能
以物品或計劃為主，亦與此間習慣大異。

交際

　　晚飯舉行外資會計人員聚餐，由 Allindada 作東。

2 月 10 日　星期四　晴
職務

　　上午，整個時間用於向 Williams 解釋支出傳票之解
釋，由支出性質，單據何以未有註銷，憑證何以有時不
全，以及核准人員之授權等項，皆不厭求詳一一筆之於
書，半天疲勞轟炸，使告一段落。下午核閱 Williams 所
提查帳報告初稿，此稿看過兩天，始行告終，蓋中間無
端之干擾太多也。其所提出者，皆為事實，亦皆為本公
司目前不夠嚴密之處，然果如此實施，則人人皆在手續
中奔波，營業效率為之大減，而查帳人員常只顧吹求手
續，罔顧對於業務之影響，固往往皆然也。

2 月 11 日　星期五　晴陣雨
職務

　　上午，以半天時間與 Gilbert Mar 與 Mobil 稽核
Williams 研討 Williams 所擬之查帳報告初稿，上午完
成其半，重要者為關於 Accounts Receivable 與 Notes
Receivable 及 Fixed Assets，尤其以 Fixed Assets 中之問題
為最多，蓋報告與帳目脫節也，其關鍵在於所謂 AFE
（Authorization for Expenditure），蓋以向不知 AFE 之重

要，且不知不問大小資本支出皆須有 AFE 也。下午再行計算公司增資方案有關問題，並計算在增資若干之前提下，各股東可以不必支付現款，而在增資之時得以未分配盈餘轉投資後由公司以分紅方式代付其綜合所得稅之扣繳。

師友

前皖行同人丁雲翔由趙榮瑞君陪同來訪，渠旅居香港十餘年，因其子在此，將於年內為移居之計云。

2月12日　星期六　晴

職務

因趕寄一月份之月報表，工作至夜分始竟，蓋因舊曆新年後，假期太多，而年終決算已使所有人員精疲力竭，一月份帳目直至最近始行記完，日來又因軋結餘額有不能平衡之問題，以致一再遷延，今日為最後限期，乃不得不連夜趕出也。重點增資方案，以股東皆不出錢完稅為主，則公司須負擔現金三百萬。

2月13日　星期日　雨

師友

上午，同德芳到新店訪崔唯吾先生及其師母，氏於三日前甫由美旅行回台，在美京時曾晤及長女紹南與次女紹中，對二人在美生活與讀書及工作等情形均甚詳知，認為二人均善自安排，可以放心，氏之長女玖則在費城，三月後將至紐約擔任節育指導工作之輔導工作，目前為防癌訓練工作已滿三年，崔氏赴美前足部受傷，

現在痊愈云。

2 月 14 日　星期一　陰
職務

1965 年之 Year-end Report 自送出後，至今不絕如縷，尚有預定於二月二十二日到達之 Supplementary Information 亦於今日辦就，附有一張對於不須報告之事項——註明 Not Applicable，即此項 Supplementary Information 亦只是以前所送各表之另一方式，由其中之若干資料雜湊而成，本公司自 Mobil 投資以後，此項紙面工作正不知費去若干人力時間與金錢也。

2 月 15 日　星期二　晴
職務

本公司去年曾託董律師辦理申請十噸福美林機器報廢，已得省府與稅捐處之同意，律師並考慮此項報廢之所得稅效力可以在本年藍色申報中開始適用，余依據此一原則，今日將所得稅再度算過，基於此一舉措，今年藍色申報所報去年之所得稅即可一文不完，而去年預估之十餘萬元亦將退還云。

師友

晚，請由港來台之丁雲翔父子吃飯，並請趙榮瑞君夫婦作陪。

2月16日　星期三　晴

職務

　　本月份薪俸表因涉及新年晉級並補發一月份，又須加發年終一次特別獎金，故早作準備，於今日將表算出，最初甚感順利，表內 cross footing 一次即符，但後忽發現並非完全總散相符，校核之下，乃發現有錯位之處，昔之所以相符者，亦完全由錯計而來，一時十分懊喪，感覺到公司以來已經第九次發薪，仍不能在謹慎小心之下免於撕毀重寫，甚矣年事漸長後之凡事不能由人也。

交際

　　李公藩兄患食道癌，危在旦夕，家人為沖喜，其長子於昨日在法院公證結婚，今晚宴客，余與德芳前往，宴會在不甚平常之氣氛中進行，亦可哀也。

2月17日　星期四　晴

職務

　　關於二月份薪俸表原期順利編製完成，不再有錯，結果有錯更多，經昨日改正並重編完成，已以為可以修正完善，今日再行核閱一過，又發現有錯，乃再度修改，計三頁之表，其第二頁換過三次，如此工作，真為汗顏也。

集會

　　下午出席國民大會提名代表聯誼會，據報告大致有轉機，但因開會迫近，決定分頭報到。下午到國民大會報到出席第四次會議，手續極為簡單，所取資料亦

極少。

2 月 18 日　星期五　雨
職務

菲律賓查帳人員已擬成其對本公司之查帳報告及本公司致該事務所之 Representation Letter，其主管人 Allindada 亦於今晨前來交換意見，擾攘半日，始將其中不妥之處加以改正，並於下午細加斟酌，然後定稿。據云紐約查帳公司 Arthur Young 對彼之限期為二月二十日，故明日須拍出電報云，余細閱其查帳報告，甚為單純，其三、五人工作三、四月亦只充實其 working paper 而已，於報告內容所採甚少也。二月份薪俸表初以為無錯矣，今日計算扣繳所得稅之總報繳數時，發覺有誤，蓋因其中一人加班費未扣所得稅，只好明日向其收現矣，由此可見做事之不能無錯，雖該表已經完全平衡，猶有發現錯誤之餘地也。

2 月 19 日　星期六　晴
職務

昨計所得稅誤算，因為數甚微，不願再向少扣之同仁索回，故於報繳時即自行貼入二元七角，庶在報繳單上始可與所發薪津數相符也。

集會

上午出席國民大會第四次會議開會式，由蔣總統致詞，勗勉同仁。

交際

中午，孔德成氏在飯店宴請國大代表及山東同鄉凡兩席，並在活動國民大會主席團，余之投票權至今尚未解決，恐不能為助也。

師友

晚，同德芳到中山北路訪李德修原都民夫婦，不遇，留致紹南、紹中由美寄來之洋囡囡與玩具汽車等。

2月20日　星期日　晴

游覽

上午，同德芳偕紹因、紹彭到陽明山游覽，此為今春花季首日，人山人海，余等步行至瀑布前之平台，就而野餐，於下午二時返，意興甚高。

交際

下午，中華日報二十週年邀約酒會，人聲雜沓，略看即返。晚，合作協會谷正綱氏邀部分國大代表聚餐，商提有關發展合作事業之案六件，當均簽名。

娛樂

晚，國大晚會金素琴演四郎探母，余與隋玠夫兄往觀，未終即返。

2月21日　星期一　晴

職務

程寶嘉會計師來談公司增資事，對余所擬方案甚贊同，但認為如減輕股東綜合所得稅負擔，可以一部分轉入特別公積金，則可無增資分紅之名而有免稅分紅之

實，此計甚妙，經與馬副總經理言及，彼亦甚表同意，
且主張從速進行云。

2月22日　星期二　雨

職務

　　會同馬副總經理與太平保險公司張、陳二君，談交
通銀行通過以本公司押品二百萬元借美金三萬元匯付義
大利 Know-how 費之保險事，在太平、中國與友聯三家
綜合保險下之原料成品保險內，太平部分不足充前今交
通銀行之足額押品，於是交通之想法為由其投資公司加
保，但發生重複保險與費率不同之問題，今日洽商結
果，初步決定儘量以原料成品歸太平名下，而以設備與
房屋歸其餘二家，細節將由馬氏後日在高雄與太平及交
行解決云。

交際

　　晚，皖行同事趙榮瑞兄請客，余與德芳赴席，在座
尚有由香港來台之丁雲翔父子，及此間之金鏡人夫婦與
馮達璋夫人等。

意外

　　晚間因飲酒稍多，歸途左額撞一路邊信箱，略有出
血，夜睡多夢魘。

2月23日　星期三　雨

職務

　　與合作金庫接洽成立動產抵押借款事，大體無問
題，困難在其押品折扣太多，只算三折，又自申請登記

至公告止約須二個月之時間，緩不濟急，經即先通知工廠填表，一面再探詢其他銀行是否折扣亦如此之大。

體質

　　昨日撞破左額，今日極有疲乏感，且轉晴時有不自然感，上午到國民大會醫務室，診察服消炎片，每天兩次，每次一片。

2月24日　星期四　雨

職務

　　因合作金庫之動產抵押放款只肯三成作押，經擇詢他行均謂可以按六、七折作押，上午到台銀中山分行詳詢，亦云可押五、六折，但彼假定額度為五百萬元，而工廠之資產似比此為多，又其手續自申請至核准，恐亦歷時甚久，是其缺點也。到稅捐處接洽五十三年營利事業所得稅退稅事，今日只將已繳稅之稅單送核，至如何計算退稅，及退稅若干，則因文卷管理人員不在而未獲知云。

2月25日　星期五　雨

職務

　　紐約來通知作今後五年之營業預算，已由周煥廷君著手，依營業與工程二部門初步資料加以填列，但發覺因外銷太多，polystyrene 成本每公噸三百六十餘美元，售價 250 美元，加退稅 64 元，仍不夠本，此預算竟無法下手。與會計師程寶嘉進一步商洽增資問題，然後將新發生之事實如 10 噸福美林機器報廢與提撥 15 百萬元

為特別公積等，重擬增資與完納綜合所得稅之方案一件
備董事會參考。

2 月 26 日　星期六　雨
職務

　　三月份財務情形將短缺頭寸三百萬以上，今日起預
作安排，先以目前略裕之現金歸還合作金庫信用貸款
一百萬元，待下月初另籌一百萬元，將此項信用放款還
清，今日並預先向該庫口頭提出續訂新約三百萬元之要
求，然後又預先將下月初應開始增加之成品原料保險
促保險公司早日提出保單或 cover note，庶幾待動用交
行未用之三百萬時，不致再因質物保險問題而遷延時
日云。

娛樂

　　晚，看國民大會晚會，封君平、許貴雲合演花木
蘭，在此地之新角而非河南人演河南梆子，此為首見，
唱詞有時尚佳，但鄉土氣息則減淡多多矣。

2 月 27 日　星期日　晴
娛樂

　　下午，同德芳率紹彭到中山堂看電影，為上下集西
施。包括吳越春秋與句踐復國，台灣電影製片廠製片，
江青、趙雷主演，此片規模場面極大，且有彩色，但人
員太多，故事穿插瑣碎，以致主題不明，事實上如編劇
者使其再加緊湊，以二小時半之時間亦可將此四小時之
電影演完，故冗長不足以使長片生色，反足以使其成為

累贅也。

2 月 28 日　星期一

職務

　　上午，到交通銀行業務部與唐襄理接洽票據貼現
事，據云可以不打折扣，故票據 150 餘萬元可以貼現
150 萬元，但須將統一發票開出清單，並將存根送驗，
余歸後即作此準備，此項借款之目的在用以歸還下月八
日到期之合作金庫信用放款，俾於八日後再行借用云。

集會

　　上午出席國民大會第四次會議第一次大會，余到時
正在討論主席團所提秘書長與副秘書長人選，發言盈
庭，竟有人謂此次人選應由大會「決定」而非討論者，
亦有謂設非討論何以決定，故決定即是討論者，陷於循
環邏輯，主席瞠目不知所對，余聆聽移時即行退席，國
民大會之氣氛，即是如此令人啼笑皆非也。

3月1日　星期二　晴
職務

　　下午舉行業務會報，一再檢討關於除福美林外所有新產品無一賺錢問題，但無結論。上週草擬最後之增資與分配盈餘計劃，今日用英文予以重寫，因有說明關係，文字較中文者為多，同時接 Kinsella 由紐約來函，認為股東只增資而不以現款納稅，公司借債發股息之利息借債擔保可以由 Mobil 任一部分云。

3月2日　星期三　晴
職務

　　本月份本公司用款浩繁，調度之方為以票據向交通銀行貼現一百五十萬元，並動用交行高雄分行未用之質押放款三百萬元，如再不足，則接洽中之合作金庫信用放款可以在還其二百萬元後再另借三百萬元，亦即淨多一百萬元，此外為免將來動產抵押手續難於迅速辦妥，故亦在準備早作辦理之計，其方法為早日準備財產目錄，今日先審核傳票，俟確定後再填表云。

3月3日　星期四　晴
職務

　　菲律賓人其實而宋作楠只居其名之去年度本公司查帳告已經印出，本公司於今日收到，其中與公司之資產負債表有異者只有十餘萬元之員工退職金，原不在公司帳上，經該等列入公司帳上，因而資產負債各增加此數，此外則損益表上之銷貨成本與本公司所計亦有不

同，但總數無異，故在今年本公司紐約報表不致如去年
之多有調整而發生脫節現象云。

3月4日　星期五　晴

職務

到花旗銀行訪楊鴻游君不遇，其主辦放款之陳君向
余解釋其放款業務以貼現為主，但遠期支票則不歡迎，
詢以楊君曾允可商量，彼始云待商洽後再議，言下並囑
填表，余告以該表本公司曾填送過，彼見全用英文，乃
囑再填一份中文者，余再詢以信用放款辦否，彼亦只云
待與楊君商量，請先填表再議云。到交通銀行洽商前數
日接洽之貼現 150 萬元案，唐襄理謂總經理尚未批回，
但可先做，經決定明日即行收帳，余乃將本票五張背書
送往，並以統一發票為交易證明，但並未細看。

集會

出席國民大會第四次會議之大會一次，財政報告，
略聽即退。

體質

左足神經忽又有陣痛，國大醫師為處方服合利他命
每日二片，今日始服用。

3月5日　星期六　晴

集會

上午，參加國民大會赴泰山鄉對陳誠副總統週年祭
典，其墓園雖已建成，然樹木未密，有如土山，且建築
設計粗率散漫，謂在保持自然儉樸風格，則非門外漢之

所致知矣。

職務

　　本年第三次會報應用之報告資料於今晨完成，其中所列為二月份之事實，但會計數字則為一月份者，因二月份報表須十日後始編成，每次公報為每月之第一個星期一，自不能趕及也。

3月6日　星期日　晴

師友

　　上午，馬忠良、陳長興二兄來訪，馬兄來自台南，據云所辦建業中學因無專任校長，受教廳督學責難，有意在此物色一專任校長，但尚無成議云。李德民君來訪，談其服務之中國漁業公司已大部結束，尚有對退除役官兵輔導會之資產作價問題有相當距離，以致不能作最後之處理，其本人工作已決定調電力公司云。

娛樂

　　晚，與德芳到中山堂看話劇，由葛香亭、傅碧輝、曹健等主演之陽春十月，為一演出宣傳之劇，尚佳。

3月7日　星期一　晴

職務

　　上週向交行借款，唐襄理本謂借約可填整數，余乃填 150 萬元，但貼現之結果以一百五十六萬之票據先扣利息實得一百五十三萬餘元，該行乃囑改借約為票據之票面實數 156 萬餘。到花旗銀行送信用調查表，再問遠期支票可否貼現，因楊鴻游君仍未遇，故依然不得

要領。下午舉行業務會報，余提討論案三件，一為退職
金支付之補充規定，二為損耗之處理，三為 AFE 制度
（Authorization for Expenditure）之建立，均有相當之
結論。

3月8日　星期二　陰
職務

　　本公司增資案於今日在公司作初步交換意見，
蓋 Mobil 駐東京代表 Kinsella 來台，此為重要任務之
一，參加討論者有趙廷箴總經理、馬賓農副總經理及
余，對余所擬方案無異辭，趙總經理於特別公積金撥
用 1,500 萬一節，表示不無顧慮，余以為此事不妨如此
試作，設不幸而政府不准，再行轉作資本，亦無所損失
也，皆以為然。Kinsella 又研究正在起草之 1967-1971
Objectives，余參加討論，但不能多所發言，因余對於
預作五年之預言，覺是多事也。

3月9日　星期三　陰
職務

　　上午，會同馬副總經理與友聯、太平及中國三家保
險公司，商談增加綜合保險保額至三千九百萬元之分配
方式，及如何配合交通銀行貸款之太平保險問題，決定
太平保全部成品原料 1,100 萬元，餘二千八百萬元，太
平 400 萬元，而友聯中國各 1,200 萬元，明日即行開始
生效，余為交行款後日即須動用，故立即洽高雄工廠與
交行商洽用款。

娛樂

晚，率紹寧到中山堂看國大晚會，由憲光藝工隊演復興中華歌舞劇，配搭甚為熱鬧。

3月10日 星期四 晴
職務

程寶嘉會計師來談此次本公司增資事，對於渠以前所主張之提撥一千五百萬元為特別公積金，藉以逃避股東部分綜合所得稅一事，又感無甚把握，但已被前日各主要股東所接受，故只好照此做去，如將來不被政府允許，仍然按規定補作增資可也。到稅捐處洽詢藍色申報延期至五月十五日事，經辦人云，此等申請在目前一般不准，故最好待至二十日再將公文送去即可。到花旗銀行訪楊、陳二君，談將來對公司辦貼現借款事，並決定如遠期支票可用另一本票代替，亦可貼現，此點增加便利不少，為其他銀行所做不到。

3月11日 星期五 晴
職務

半年前紐約 Mobil 曾來信囑填送保險狀況表，因本公司之保險在建廠期間始終未有決策，故延未填報，直至年底以後，此等事項始漸趨明朗，以前各公司送來之保單其無效者亦逐漸澄清，而工廠之新綜合保險亦於昨日增額生效，故余即開始準備填表，今日已由帳內查出部分資料。

娛樂

晚，同德芳到中山堂看空軍藍天輕音樂隊表演歌唱舞蹈及七小福表演技術，均極精彩，十時散。

3月12日　星期六　晴

職務

本公司依 Mobil 之規定須作 1967-1971 之五年 Objectives，須於十五日以前送至紐約，今日在趕辦之中，但仍不能完成，預定明日或可寄出。

集會

下午，到中山堂出席國民大會，本次會由國防部參謀總長黎玉璽報告軍事，雖係秘密會議，但並無特殊資料可資聽取，僅其中有關大陸之匪軍情形者可供參考也。

3月13日　星期日　晴

職務

送 Mobil 之 1967-1971 Objectives 於今日趕就，晚間寄出，匆忙中信封及郵票均臨時湊齊，凡事無備有患也。又二月份月報表雖由高雄廠會計朱君幫忙編送，但兩天來未成一表，只提供若干數字余得與以作分析並辦函解釋內容而已。

交際

晚，校友郝遇林與土地銀行聯合宴請國大代表校友及其他校友，目的在介紹新近提名競選副總統之嚴家淦氏，嚴氏演說備極謙遜。

集會

上午出席中國租稅研究會年會，財政部朱次長演說甚得體。

3 月 14 日　星期一　晴
職務

續編保險年報表，其中有若干難以決定者，即應以何者為基礎，一為全依現金支付，二為全依應歸屬之時期，三為依現金並加已發生應付未付數，但因過去已付與尚在處理欠付之保費中，孕育許多尚未解決之費率與期間問題，故此三個標準不能任意選定，結果只有依現金支付數為準矣。

娛樂

晚，同德芳到中山堂看秦腔表演，因不習慣，且表演欠佳，未終而返。

3 月 15 日　星期二　晴
職務

連日所作保險表已經最後完成，原來將應付與預付均作為現金基礎下之已付數，後經馬副總經理將應付數除去，即完全用現金實付數矣。

師友

前聞楊鴻游君云有美國藥廠需聘會計人員，余以電話徵詢黃鼎丞兄是否有意，渠晚間來訪，因 AID 方面尚不能確定何時解聘，經決定不予進行云。

娛樂

晚，到中山堂看越劇「三元及第」，吳燕麗主演，尚佳。

3月16日　星期三　晴
職務

本公司應付義大利 Mazzuchelli 之 Polystyrene Know-how 費末期款美金三萬元，因幾經波折，始獲交通銀行改為憑抵押品支付，於今日匯出，然已超出預定二個半月矣。

交際

晚，外資公司會計人員聚餐在第一飯店舉行，席間討論成立一團體，但名稱甚費周章，經假定用 Fiscal Administrators of Foreign Investors Club，但均不以為甚妥，故未作最後決定。

3月17日　星期四　晴
職務

本月發薪應在十九日，今日準備薪津表，該表向為三頁，但十閱月來，絕無不經撕改一次寫成三張之事，今日第一、二張已成，以為可以駕輕就熟，第三張且為數不多，諒不致誤，不料困難即在此最易為之事內，只此一張，易稿至三，為之不憚者竟日。

集會

上午，中央黨部茶會招待國大代表，堅囑通過臨時條款對於設立戡亂動員委員會之加入一案。晚，革命實

踐研究院約宴，並摸彩，為招待國大代表同學而設，並
有副總統候選人嚴家淦演說。

3 月 18 日　星期五　雨
職務

上午，開始核閱 Williams 之對本公司正式查帳報
告，內容與上月初步交換意見者相似，此一報告甚速，
蓋該員本身即可發出報告，不須由紐約核閱後即可發出
也。經一一加以摘要紀錄，備分列門類，由各有關部分
執行。

集會

中午，蔣總統在光復廳邀宴全體國大代表，為鋁盤
拼盤式西餐，無煙酒，席間致詞，特別強調所以提議修
改憲法臨時條款授權總統成立戡亂動員委員會與可以補
選中央級民意代表之重要性，繼由候選副總統之嚴家
淦致詞，敘述其蒙總統在中全會及代表在選舉前正式提
名，表示感謝及抱負。

3 月 19 日　星期六　陰
職務

向合作金庫所借以遠期支票為質押之款已滿三個
月，尚有一百二十萬之票據未屆滿，決定還後以票據取
回，改向花旗銀行貼現，利息由月息一分二釐三降為一
分另八釐。

集會

下午參加國民大會第四次會議之較重要大會，即討

論補充戡亂臨時條款，均照審查會之擬議通過。

娛樂

晚，同德芳到中山堂看京戲，李金棠、趙原演紅鬃烈馬。

交際

山東國大代表六、七人為嚴家淦競選副總統出面在真北平宴部分同仁。

3月20日　星期日　晴

參觀

下午，政大招待國大代表同學參觀，到者三十餘人，首由校長劉季洪在學生活動中心作簡報，然後引導至各處參觀，包括圖書館、新聞館、社會科學資料中心、視聽教室、統計教室內各種設備，雖建築均甚簡單，然設施方面則漸漸充實，而微捲（microfilm）資料之多種設備，則為余所初次得見也。

交際

晚餐由政大招待自助餐。山東同鄉六、七人為副總統選舉約宴，余未往。

3月21日　星期一　晴

職務

由合作金庫抵押抽回客戶高雄合板之本票原為貸款之八個月，曾於去年十二月間得該公司同意縮短，但因在抵押未換回，延至今日通知工廠洽辦。

娛樂

晚，同德芳到中山堂看電影，片為凌波主演魚美人，為一荒誕不經之神話故事，用意雖略有可取，但穿插太過簡陋，女主角為李菁，全片用彩色，外景尚可取。

3月22日　星期二　晴夜雨
職務

到稅捐稽徵處與吳君面洽今年本公司所得稅申報延展一個半月至五月十五日為止，並面遞申請公文。稅捐處潘、呂二君來探詢今年分配紅利與扣繳所得稅事宜，經暗示其須經股東大會議決累積盈餘之用途，縱有減稅，亦循合法途徑。

集會

昨、今兩天為正副總統選舉大會，余在會前往一行，但未投票，今日嚴家淦當選副總統，一千四百餘票中，以七百餘票當選，廢票達六百餘，亦云險矣。

娛樂

晚，同德芳到中山堂看反共藝人譚硯華演平劇紅娘，做派甚活，唱來亦好，惜嗓不亮，在前排始聞，另一齣為趙培鑫捉放宿店，長短正同。

3月23日　星期三　陰
職務

為使三月底舉行之董事會與股東會資料充分，除前已製成一英文決算表外，另由周君加製中文一份，

此份將供送稅捐處亦可採用，與英文不同處為不將當
年所得稅由盈餘減除作為負債，為免觀者不懂，乃作
reconciliation 表一份附於中文本之後，以與英文本對
照，又英文本之經 Sycip 核過者亦有出入，故亦作一
reconciliation 附後，以免觀者誤解也。

3月24日　星期四　晴

職務

為準備將於月底舉行之董事會與股東會資料，將去
年之開會紀錄加以查核，知去年三月十八日之末次股東
會曾授權董事會再召集臨時會，解決分配紅利問題，但
一直未開，於是乃假定一項紀錄，以為今年開會解決分
紅之伏筆而免於太過突然云。到花旗銀行接洽明日一批
票據貼現事，並與其台北分行經理 Morehouse 作一般性
之交換意見，渠因本公司有 Mobil Chemical 之投資，
故對放款頗有興趣云。

3月25日　星期五　陰雨

職務

今日須付進口原料新台幣一百八十餘萬元，上午到
花旗銀行接洽票據貼現九十餘萬元，連交通行借款未用
額一百萬元即可供用。

集會

上午出席國民大會第四次會閉會禮，蔣總統致詞並
攝影。

交際

中午，政大校友聚餐，經手人報告活動費二萬餘元尚未用完，乃用於聚餐云，繼數人演說，慶此次國民大會中央政策之得以貫徹。

3 月 26 日　星期六　雨陰
職務

忙於準備本月三十日股東會之資料，今日製成 Reconciliation Sheet 三種，一為由本公司所編中文資產負債表與英文表相核對，主要為前者不除預計所得稅額，後者為除去所得稅淨額，故淨利較前者為低，二為由本公司英文表與宋作楠會計師事務所所作之表相核對，其差別為職員退職金本不在本公司帳上，但該事務所為調整加入公司帳內，三為前項第一表之另用英文加以表示，以便洋人亦能不生疑問云。

3 月 27 日　星期日　陰
參觀

同德芳到華南銀行看蘭花展覽，出品以洋蘭及中國蘭為主，但亦有新出品，如鶴頂蘭，如各式中國蘭等，均有可觀。

娛樂

台大平劇社為慶祝青年節在三軍托兒所表演平劇，余與德芳往觀，有托兆、彩樓配、坐宮、樊江關等齣，坐宮中之李志芳所演公主極為穩練，最佳者為蘇可勝之薛金蓮，極為精彩，搭配樊梨花之賈厚英，亦相得益

彰，博得佳評。

3月28日　星期一　陰雨
職務

　　後日將舉行股東會，董會秘書吳幼梅將所擬議程及依據余所草擬之增資方案等資料將所譯成之英文交余斟酌，余雖見其甚多不妥之處，然又不便改變過多，故只稍加潤色而已，吳君所擬有名為議程而將準備參考用之議決案文字寫入者，經余指出後始將中文本修改，而英文本則又聽其自然云。草擬下月四日舉行之本年第四次業務會報資料，於一小時內完成，備後日即可交卷。

3月29日　星期二　陰
職務

　　今日革命先烈紀念，休假一天，但公司馬副總經理仍以電話洽詢事務，蓋明日為股東常會，余事先準備之去年度決算表報中英文二種，均循吳幼梅秘書之請備妥交其報會，而馬君則以中文表所列盈餘數不同而大放厥詞，余告以此為中美法律要求不同，並無實際差異，但為避免誤會，故另備有解釋二種，馬君之意，解釋表亦非外行人所能了解，不如將中文表省略，即以會計師查過之英文表送各股東，余唯唯，蓋無可無不可也。

3月30日　星期三　陰
職務

　　上週以公文申請營利事業所得稅申報期限延展至五

月十五日，接稅捐處答復，只准延至四月十日，故將應
備資料加以籌劃，一面函達高雄工廠，囑將固定資產與
成品原料等明細表速行備妥，限下月五日前寄到公司。
稅捐處有突擊檢查之舉，今日來查帳目是否登記至當
日，實際帳目只登記至月半，經經辦人員向其解釋，只
將公司章蓋去，謂俟下月初報繳營業稅時將月底前帳登
好即可，此亦虛應故事之一般也。

3 月 31 日　星期四　陰

職務

　　股東會議已採用余所擬之分紅增資辦法之全部，因
在股東會紀錄上須明確表示與所得稅有關事項，而此非
吳幼梅秘書所知，故將其會議紀錄加以審閱，並整理文
字，以符實際。

交際

　　紐約莫比公司股東代表 T. J. Kinsella 約宴公司高級
人員，並表示此次股東會所通過事項甚為切要云。

4月1日　星期五　晴

職務

　　因公司去年所得稅申報須於十日以前完成，故於今日起開始準備，其中須填之員工薪給表有保密性質，故必須於今日由余著手填製，在填製前又須依據所得稅扣繳資料，將每人之全年收入額與所得稅扣繳額分別彙計，此須以一項 work sheet 為之，今日已大體完成。

娛樂

　　晚，同德芳看電影「我女若蘭」，唐寶雲主演，又有童星助演，對話極富人情味，主題在表現人生之有賴於信心與耐心，極為可取，末有一幕爭風與滾山穿插，完全畫蛇添足，將全片文藝氣息破壞無餘。

4月2日　星期六　晴

職務

　　繼續準備所得稅藍色申報有關資料，並對於今年新公布之查帳準則再加以檢閱，一面將各項有關加以調整之事項一一列舉，作為計算之根據，蓋去年純益不及前年之半，且因資產部分廢棄而無所得稅可納，勢必引起稅務機關之注意，而向來未查帳之前例可能於今年打破，不可不防也。

家事

　　到中和鄉訪姑丈，不遇，見表姪女方聞，知其赴美尚無確期，並與其兄均在治療砂眼之中。

4月3日　星期日　晴

閱讀

　　讀 A. L. Sneff 作 *Bookkeeping Made Easy*，此書為一通俗作品，因其中有若干商業常識與速算等資料，故加以涉獵，但若干均為已知，所不知者為有關火險之 80% co-insurance 之賠償問題，未悉此一原則是否在台灣亦為適用，蓋年來與保險公司接觸，從未之聞也；又關於度量衡制之資料亦特別豐富，如 3 teaspoonfuls = 1 tablespoonful = 1/2 ounce，余以前皆以為乃一種不確定單位，實際非是也。

4月4日　星期一　陰雨

職務

　　趕辦去年度所得稅藍色申報，為填寫其營業費用欄之數字，先將公司帳內之推銷費用與管理費用餘額由帳上抄出，列入一張工作表，使同科目者互相合併，結出總數，然後再依查帳準則將不合規定之支出加以調整，此事甚費時間，半日未能告竣。下午舉行本月份業務會報，余所提出之提案為關於 Mobil 查帳員 Williams 之查帳報告之如何予以執行，經決定各單位分別就原報告文字加以研討，分別擬定方案，提下次會報報告云。

4月5日　星期二　雨

集會

　　經濟合作委員會投資業務處舉行稅務與外匯講習會於自由之家，今日為第一天，余代表台達公司參加，今

日有四個題目，一為吳梅村報告該處業務，二為財政部
林科長報告所得稅之徵免實務，三為貨物稅之徵免實
務，四為關稅對器材進口分期付款之規定，此四題中，
自以所得稅一問題為最重要，因其與每個聽講人有關
也，其中涉及股東分紅增資對於用以還購買設備之債務
得以緩扣所得稅一節，因內容複雜，曾提出詢問，此點
對於本公司今年分紅之扣繳大有關係。

4月6日　星期三　晴

職務

趕辦五十四年營利事業所得稅藍色申報，已將各項
費用調整數分別算好，並填入藍色申報書，調整數一欄
凡有七項說明，一項至五項為費用之調整，六項說明
減列轉投資四分之一之所得額，七項為免稅所得額之
計算，最為複雜，經另紙按銷貨之甲醛比例一一予以
算出。

集會

今日為稅務及外匯講習會之第二天，第一節為勞工
法規，余因事未參加，二、三節為獎勵投資條例之講
解，及海關辦理出口用原料進口稅之沖退手續。

4月7日　星期四　晴

職務

以製成之藍色申報送董端始律師，因其中有十噸甲
醛報廢之計算在內，該案係董君包辦，須先與稅捐處聯
絡之故，一面請原經辦人吳幼梅秘書與其以電話洽商，

盼於後日有答復。

集會

　　全日參加經合會所辦外匯稅務講習會，今日題目為加工外匯之管制問題，出口貨品原料退稅標準問題，出口貨品原料退稅實務及其種種問題等項，擔任講解者為唐君宜、戈家鵬及周時鍊諸君。

4月8日　星期五　晴
職務

　　今日為稅務與外匯業務講習會最後一天，上午由外匯貿易會華科長講外資輸入投資外匯之申請手續，下午舉行綜合討論，余事先遞條提出問題，希望對於新公布獎勵投資條例施行細則二十二條對於以盈餘轉投資可以緩扣股東綜合所得稅一節，須於還清債務後呈稅捐處核准免扣之時間上本末倒置一節，提出解釋，而財部林劍雄科長與投資業務處王覺民專員在解答時認為此一規定尚不夠明確，須各機關再行檢討云，諒係不便公開認錯歟？又在討論結束時，余作臨時發言，請投資業務處根據過去精神，對於將來地方政府之合作與便民措施亦加以提倡，蓋目前投資業務處似只注意在中央各部會之間，財廳與稅捐處不與也。

4月9日　星期六　晴
職務

　　藍色申報之最後延展日期為四月十日，但明日為星期日，經詢明稅捐稽徵處可以在十一日送往，不算逾

期，但今日仍加班趕辦，余並因各表均未詳細過目，乃
一一加以校閱，雖不能免錯，然至少形式上不能有何缺
漏。

娛樂

　　晚，同德芳看台語電影，矮仔財、玲玲、戽斗演
十千金，雖較為低級，然刻劃市井間事，亦復令人捧
腹，演技方面亦有其突出之一面。

4月10日　星期日　晴

參觀

　　下午到歷史博物館看熊式一金石書畫展覽，精品極
多，如吳大澂字、陳師曾動物屏、徐悲鴻鴨、傅抱石仕
女，另有銅器、印石、玉器等無數。

娛樂

　　下午同德芳到樂聲看電影「窈窕淑女」（My Fair
Lady），歐得麗赫本、雷克哈里遜合演，凡三小時，曾
得八項金像獎，無論故事、演技、音樂、色彩、配角，
無一不精，名不虛傳。

4月11日　星期一　晴

職務

　　藍色申報於今日到期，故終日趕辦，其中一部分附
屬表冊於昨日皆已打好，今日校對發現錯誤，當加修
正，校後並詳細檢點有無漏章及漏附之件，於下午到稅
捐處交卷，取回收據。此一藍色申報書余以為在同類
文件中乃一極特出之文件，因其盈餘八百餘萬元但不

須完稅也。鑑於去年藍色申報文卷太亂，余乃於送出
之前依照正本內容將 working file 加以排列裝訂，以便
有何問題時易於檢索，且另有若干 Spare copies of 各種
schedules，亦存於卷內以備不時之需。

4月12日　星期二　晴
職務
　　為分派公司盈餘，從事種種計算工作，緣自股東會
通過余所擬之分配與增資辦法後，即須按每一股東算出
其應增股數，應付現金股息數，應扣所得稅數，其中又
因依據獎勵投資條例可以就去年盈餘在股票不轉讓之原
則下，緩扣該盈餘用以償還購買機器應還債款，而此為
今年開始實行之新條文，尚未有統一之解釋，在適用時
甚費周章也。
參觀
　　晚，同德芳參觀為紀念于右任氏冥壽而舉行之書畫
展，除于氏作品外，尚有數十其他現存作家之作品，尚
有可觀。

4月13日　星期三　晴
職務
　　繼續核算有關分派盈餘與增資等數字，而作成一張
十三欄之計算表，因昨日所用資料有錯誤，今日又加以
修改，致費去甚多之時間，此表作成後，將可據以填寫
各股東領用股金之收據，因其中所領股金總數內包括股
票，扣繳綜合所得稅，及緩繳部分所得稅，內容甚為複

雜也，又因增股須印製股票，今日並按股份持有情形，
籌劃應印之各種大小票面與張數。

4月14日　星期四　晴
職務

趕辦上月份月報表，於下午五時半郵寄紐約，余因
撰寫發送月報表之函件，對於該月份營業作較為詳盡之
分析，發現成本提高，銷貨金額減退，故費用雖未較預
算為多，而淨利反比預算減去百分之二十九，此等現
象為本公司改組後時時遭遇而無計以施者，淨利在一般
月份應有七、八十萬，但三月份竟只有五十萬元，余在
信內作概要分析，因馬副總經理在高雄，渠預簽信箋空
白，於今日打好寄出。

4月15日　星期五　晴
職務

為去年底止之盈餘製傳票轉帳，余甚少製傳票，此
部分則因涉及分配股利，全為余一手經手，如通知其他
同仁製票，徒然多所辭費，不若自己動手之為愈也。程
寶嘉會計師應約來洽辦公司登記事，余將轉帳情形相
告，由余為股東省綜合所得稅近二百萬元，自然難免將
來與稅捐稽徵處多費唇舌，此乃題中應有之義，只好破
釜沈舟而為之矣。

師友

廖國庥兄與徐自昌兄等合譯 Finney 會計學中冊第
六版，對原文了解甚為欠缺，多向余諮詢，今日為最後

一次函商數處句法譯法，余發現其若干與原意相違之處，經指出送還，余向來從事譯作，閱書頗多，譯來輒不稱意，然猶未如此隔膜也。

4月16日　星期六　晴
職務

今日將所製股利表譯成英文，備美國股東代表 Kinsella 之查考，所費時間不多，因只將各欄名稱及下面註腳用英文寫出備打字員打成英文表已足，並未整個起稿也。編製本月份薪俸表，因尚有四天，時間充分，仔細算寫，尚未有大錯，不必撕去重寫，充其量略有筆誤，可以用橡皮擦改，此項錯誤減少之情形為一年來之初次也。

4月17日　星期日　雨
遊覽

今日為台達公司辦理同仁遠足之期，首由余到預定集合地點之襄陽路視是否因雨人數太少而不能成行，至則見人已甚多，乃電話約德芳與紹彭繼至，齊集後即冒雨出發，計有同仁及眷屬二十餘人，先到陽明山後山之茶屋飲茶並食蒙古烤肉，飯後再到金山看青年活動中心，其地布置甚好，且有若干青年在該處集會，余等稍作盤桓後，上車再到野柳，因風狂雨驟，不能到海岸看奇石妙景，乃經基隆順麥克阿瑟公路回北，一路乘江南游覽車，隨車小姐歌唱說故事，亦殊遇也。

4月18日　星期一　陰雨
職務

上週所編之分派股利與增加資本計算表於週末譯成英文後，今晨復以二小時將所寫簽呈譯成英文二頁，並連同表格打成，備 Kinsella 參考之用。與馬副總經理及周煥廷君共同研討去年及前年之營業實況及今年預算數字，互相比較，備紐約 Mobil Chemical 人士 Wommack 來台檢討之用，將綱要寫成後，即由周君連夜赴高雄廠籌備撰寫圖表，並交廠內繪圖人員製表。

4月19日　星期二　晴
職務

下午，舉行每週之會報，問題集中於工廠所產 polystyrene 之不能合於要求及市價太低，與成本太高等問題，目前台達公司之業務完全為以舊產品 Formalin 之盈餘維持新產品 polystyrene 與 phenolic moulding powder 之成本，此種情形將維持多久，實不敢預料也。因須支應下週到期之原料 usance credit 款，加緊催收各客戶之帳款，但仍不足，屆時將仍求銀行之貸款也。

4月20日　星期三　晴
職務

前接稅捐稽徵處通知，五十三年度本公司營利事業所得稅退稅一萬餘元，但因預估時短估全年可稅所得低於年終核定所得三分之一以上，故須扣除短估金九千餘

元，相抵後淨退一千餘元，余於今日下午到台灣銀行公庫部支取此項退稅，事先並對此項退稅算法加以詳計，其短估金既根據兩數之差核計而得，余乃以倒求方式求出其所根據之所得額，然此項所得額與本公司所報所得額之差數，前經審核員告余者與現在所算得者又不盡同，依余計算，退稅不過五、六千元，不致達到萬元，於是到稅捐處訪問，而主辦人又不在，不得要領而歸。余意稅捐處或有誤計，蓋前曾口頭謂將退十餘萬，可見其虛實一斑也。

4 月 21 日　星期四　晴
職務

各有關機關銀行動輒寄來空白表格，囑填各項資料，此等事雖照例為總務部門之職責，然因資料多由會計部門供給，久之即成會計工作之一，而平時事務已多，對此等事多一延再延，直至無可推諉，始匆匆填復，今日余因他事不多，乃從事於填復經濟部之每月生產快報、去年經濟年報、經合會之 53 年補充資料，以及交通銀行之財務與銷貨資料等，皆多方蒐集，始克填就。

4 月 22 日　星期五　晴
職務

本公司半年來之新產品電木粉與聚苯乙烯，前者本已列入免所得稅五年之獎勵項目，後者則經本公司之申請，亦有公文俟列入類目，亦在獎勵之內，而前數日類

目已經公布，余於今日開始蒐集此二者之有關資料，
以便開始辦理申請，其中最重要者為進口機器設備之發
票，此項發票因以前未附入買進機器之轉帳傳票，而不
確定的附於任一支付進口費用之傳票，且未必即為正
本，乃感此一資料蒐集之不易，今日獲悉本公司採購部
分卷內有此資料，一索而就，亦快事也。

4月23日　星期六　晴

交際

　　本公司趙廷箴總經理之母於今晨安葬，上午六時由
市立殯儀館啟靈，余與同仁多人赴金山送殯，八時到
達，因占卜時間為十時入土，故等待二小時然後行禮，
搭車經基隆返台北公司，已中午十二時矣。

參觀

　　下午同德芳到故宮博物院看第二期展覽，展出之種
類仍為銅器、瓷器、玉器、書版、文獻、書畫等，余等
之重點在書畫，本期特色為唐伯虎作品特展，有唐作
二十餘件，其中部分向不經見，余最欣賞其水墨小幅，
水面繞一石下流，水紋與想像中之水上花枝，均生動活
潑，得未曾有。

4月24日　星期日　晴

參觀

　　下午，同德芳到省立博物館看吳子深書畫展，作品
以蘭竹山水為主，並附展其學生數人所作蘭竹，大體均
佳，惟吳氏已七十餘，余憶其壯年作品似比今日出色，

現在所作則呈衰象也。又同到海天大樓看郎靜山影展，
其主題為巴西張大千別墅之景色，又看同地張杰之水彩
畫，溶治流行畫法與傳統畫法於一爐，均極具引人入勝
之妙。又同到歷史博物館再度看熊式一藏書畫，其中清
末與當代作家作品均多精品，雖再度觀賞，仍覺流連有
不盡之意也。

4 月 25 日　星期一　晴

交際

Mobil 公司由紐約來台之 Wommack 與 Evans 及在
東京之 Kinsella 均來台討論本公司業務問題，中午在統
一飯店西餐，到八人，晚飯由趙總經理在李園招待，余
均參加。

職務

到花旗銀行送應收票據本票一百零三萬元，請予貼
現，已經洽妥於明晨到該行取款，上次本請其送交通銀
行收帳，此次彼不肯再辦。

4 月 26 日　星期二　晴

職務

上午到花旗銀行將貼現款一百零一萬取來，即送華
僑銀行入帳，該支票為台達抬頭之台灣銀行支票，台達
用英文，余所蓋橡皮背書戳為中文，故於送存時在抬頭
處加寫中文公司名，下午華僑行來電話謂台銀云譯名
無工業二字，與中文不符，將予退票，余力斥其節外生
枝，謂在國內應以中文為準，經該行轉洽台銀始無問

題。到交通行取放款約據新空白，新格式將憑收據用款一節取消，以對抗稅捐處利用此項文字加課銀錢貨物收據印花稅之企圖，此亦一不可解之事也。

4月27日　星期三　晴陣雨
職務

　　補作三月底隨季報表應送之 Supplementary Data to Balance Sheet Accounts，雖分十餘欄，然多不適本公司之情況，僅有存放銀行之明細數尚為應填入本表之資料，填好打就並備函發致紐約。到交通銀行送新借據，目的在以三百餘元重貼之印花代用須貼一、二萬元之印花稅。日昨稅捐稽徵處林君來洽詢扣繳股東綜合所得稅何時繳庫，余允其於月底前為之，但詢悉本公司之盈餘分配有特別公積金一千五百萬元，及對於記名股票可以因還固定設備債務之理由延緩一部分，致其預料本公司應繳之近二百萬元忽減至六十餘萬，則大為失望，且認為法令適用不無問題，然又不能說出問題何在，誠因獎勵投資條例之若干規定有莫測高深之難題也。

4月28日　星期四　晴
職務

　　本日趕辦本月份應辦之事凡三：（1）草擬 Procedures - Approval for Expenditure，參考 Mobil Socony 與此間慕華公司之已實行文件，更易甚少；（2）製訂春日 Williams 查帳報告書應辦事項對照表會計部分，提出於下次業務會報；（3）編會報資料備提出於下星期一之業務會

報，此三事皆因有時限關係，不容再延，乃一氣呵成。

交際

接鄭學楨函下月六日在紐約結婚，電話李慶塏兄參加 AID 同人送禮。

4 月 29 日　星期五　晴陣雨

職務

全日處理分派股息及扣繳所得稅事宜，已將各項傳票支票及應用收據等印製完成，只待明晨將支票及印花購買收據等項送之各股東，取得收據即為完成，其中應發股票須等待印刷，但股東已簽收據，故補一說明函件，告以待後再行補送云。程寶嘉會計師接洽公司變更登記事，自增資完成尚須有一手續，即召開臨時股東會改選董監事，此將以編寫會議紀錄方式為之，因增資並不增股東也。

4 月 30 日　星期六　陣雨

職務

去年股利原擬於今日完全發出，但因馬副總經理意須有詳細之公函一件向股東提出，說明應發若干，扣除若干，而後實發現金若干，乃重擬一項函稿，分別致送各股東，以明所送現款乃如何而來。又因印花買來甚晚，其時已下班，而該函又無人打字，故此事又須延至下週矣。主管登記各項費用帳與應收帳款帳之徐太太已告病假十餘天，公司今日起由余約政大四年級阮南生小姐來幫忙登記，但待遇尚未洽定。

5月1日 星期日 晴
譯作

受合作金庫隋玠夫兄之託，為該庫出版之合作經濟月刊譯聯合國一官員 Belshaw 所作 *Agricultural Credit in Economically Underdeveloped Countries* 一書，此書為聯合國糧農組織（FAO）Agricultural Studies 之一，凡二百餘頁，如譯為中文，將達十四萬字左右，去年即受託代譯，因年後事務太多，直至現在始動手，今日完程序文凡二千餘字，將與本文之第一章概論合成一篇，以便於期刊之發表。

5月2日 星期一 晴
職務

本月份業務會報於下午舉行，余本月份所提討論事項：一為所擬之 AFE（Authorization for Expenditure），用英文寫出，多依紐約之 AFE Procedure 與慕華公司所用者略加改變，今日會內未加細密討論，經決定草擬 Delegation of Authority 以資配合，二為對於上月 Williams 查帳報告內有關會計事項之執行，余列一對照表，但須提出討論者有三項問題，認為須會議供意見，結果皆不主張照其建議處理，只好一仍舊貫矣。

5月3日 星期二 雨
職務

余過去無為一公司發放股息之經驗，故此次為台達發放股息，費盡心思，猶有漏洞，茲舉二事，其一為此

次計算扣繳綜合所得稅，分為二部分，一部分付現，一部分為一獎勵投資條理以公司還長期貸款為理由，緩扣相當於當年盈餘之四分三之所得稅，在計算時因錯看位數，至今日始發現少算一萬八千餘元，雖在徵稅上所差甚微，然終不免是一錯誤，而且發覺已晚矣，其二為已經將股息送出一部分，發現有股東預留印鑑問題，輾轉查詢始將印鑑卡片尋到，又送出股息，只請對方蓋章，未請送驗股票，此因股東只有十人，當不慮及其有重領或過戶發生錯會等事，然終屬考慮欠周也。

5月4日　星期三　晴
職務
為應付各機關來索之表格，昨、今兩日填送經濟部外人投資調查表一種，尚稱簡單，但又有建設廳所填之一種工商業概況表，則無所不包，原擬以半天時間完成之，結果整整費去一天時間始行完竣，該表且為每年一次，須填入先一年數字，以為比較，余恐所填過去數字不符，故所用之先一年數字，尚須與舊卷核對，幸卷內尚有資料可尋，省卻許多揣測也。

5月5日　星期四　晴
慶弔
上午到市立殯儀館弔田子敏兄太夫人之喪，因事忙不能前往送葬。
交際
晚，舉行外資公司會計人員聯誼聚餐，此次由慕華

鄧漢生召集，設宴於馬來亞餐廳，席間談論投資之涵
義，此本為一極含混之名詞，且由不同之角度可以有不
同之用法，故在未明白大前題以前，不能有任何之結
論，實際上今晚亦未獲任何結論也。

5月6日　星期五　晴

慶弔

　　上午到極樂殯儀館弔連退庵太夫人之喪，並送奠儀
一百元。

師友

　　晚，崔唯吾先生及張志安師母來訪，託參加憲政研
討會教育文化組，選張師母為召集人，並面贈新刊其太
老師之詩文集一冊。

集會

　　晚，到美國新聞處聽美國教授 L. Radway 講 Equality
and American Civilization, and Its Consequences for Economic
Development，歷時四十分鐘，甚為簡要，惜太淺耳。

5月7日　星期六　晴

職務

　　本公司享五年免稅之產品本為甲醛一種，自去年下
半年增產電木粉與聚苯乙烯後，此二種亦列入獎勵類目
而可以請免營利事業所得稅，但其中聚苯乙烯之生產程
序與類目所定略異，而本公司此項產品目前亦尚無盈
餘，為恐萬一不能免稅，余思在年底計算所得稅時，採
用分別產品原則以代按總收入比例計算原則，庶可不致

以無盈餘之聚苯乙烯而分擔甲醛之盈餘而須完稅，但為查得此項計算根據，遍閱有關稅務法令而不可得，現在所定者仍只有一種比例計算方法，下午訪稅務旬刊社鄭邦琨兄，亦不得要領焉。

5 月 8 日　星期日　晴
交際

上午，王景民馬麗珊夫婦在永和鎮所設惠民診所開業，余與德芳往賀，事前並送花籃一隻。

瑣記

近來身體甚正常，且數月未有疾病就醫，飲食亦正常，只鼻竇炎並未痊愈，仍每日上午由喉頭咳出黃涕，且嗅覺不甚敏捷，此外無他耳。頭髮幾已全白，因年來用美原染髮，故不覺其全白，惟兩側因髮短，每半月或三星期須加染一次，頂部則長髮可以掩，只略加補染即可。

5 月 9 日　星期一　晴
瑣記

余一向不知英文中之 bi- 除作二解外，尚可作半字解，今日見馬君文件中用 bi-monthly 作半月之意，為之大惑不解，經查各字典均認為可作兩解，真不知英語國人士如何避免其混淆也，迨查 Nicholson 作之 *American English Usage*，說明甚詳，認為美國近年習慣用 bi- 當二字解，而半字則用 semi 或 half，但尚未絕對通行，故主張用者仍以自行採擇 semi 或 half 為宜，而用作雙字

之意時，則寧用 two 字免其引起誤解也。

5月10日　星期二　晴

職務

　　四月份決算因有數項新的調整方法，致純益甚為突出，其一為自本年 polystyrene 外銷漸多，過去對於退稅收入只列其他收入，且以現金收入為記帳基礎，感覺不甚確當，遂將應退之稅列作應收款，因而數月之應收款集於此月，二為此項本列其他收入之數額改為由銷貨成本內減除，故不但淨利增加，即毛利亦同樣增加焉。另有一方法使收入可能變多亦可能變少，即壞帳準備將亦隨時調整，如應收帳款變動少數時即不調整。

交際

　　Mobil Chemical 駐東京之 Kinsella 晚在第一酒店請公司高級同仁，渠對余數月來由於分配紅利而作之所得稅分析，數度表示稱贊。

5月11日　星期三　晴

職務

　　去年因 Authorization for Expenditure 未與固定資產之增加互相對照，而發生建立 local AFE 問題，本月初會報余曾提出一項 AFE 簽發程序，但尚缺乏 Capital Expenditure 與 Operating Expenses 之區別規定，余今日參考 Socony Mobil 所定之 Capital Expenditure Manual，參以此地特別情況，草擬一項資本支出處理原則，備提下月會報。

5 月 12 日　星期四　晴
職務

余昨日草擬一項固定資產處理帳務原則，其內容再規定何為資產，何為費用，以及建設中之工程應如何注意處理，以便在轉入固定資產時不生困難，今日繼續草擬一項固定資產預算表格式，並規定在簽發 AFE（Authorization for Expenditure）之 Delegation of Authority，此兩項文件完成後，則資本支出之處理方有準繩，不復有去年之困難矣。

5 月 13 日　星期五　晴
職務

四月份送紐約會計報表於今日完成發出，共循例應備之說明函件由余草擬，但事先由馬副總經理將空白信紙簽名，以備打好即發，今日之信說明本月份之特別事項，一為銷貨量值均超出預算，二為費用僅管理費用略有增加，其原因為開始隨時調整呆帳準備，而四月底應收帳款與應收票據有所增加之故，三為自本月將外銷應退關稅亦作為應收項目，從而銷貨成本為之降低，實際上此項銷貨自二月份即開始增加云。

5 月 14 日　星期六　晴陣雨
集會

成功新村天主堂神父申甫進東邀參加其新堂落成典禮，余與德芳參加，該堂曾捐款，今日完成，建築甚合實用，彌撒成世光主教主持奉獻聖祭並講道，歷時一小

時始舉行茶會後散去。

交際

　　晚，韓質生兄之女立珠在會賓樓舉行結婚典禮，余
與德芳參加喜宴，並贈喜儀一百五十元。

5月15日　星期日　陣雨
譯作

　　完成由英文本譯述之「低度開發國家之農業信用問
題」，此為 Belshaw: *Agricultural Credit in Economically Underdeveloped*
Countries 一書之第一篇，余將其與序文合併，作為一系列
論文之第一篇，並以書名作為篇名，此項譯述工作乃
台灣省合作金庫研究室隋玠夫兄所特約，因無暇晷，
遲遲不能動手，今日完成第一篇，計一萬一千字。

5月16日　星期一　晴
職務

　　因二十日發薪日放假，須於先一日發出，故今日先
編製薪俸表，余自到台達以來，此為第十二個月矣，過
去在製表時只有一次未寫壞重寫，今日本亦十分仔細，
希望不致寫壞重寫，前二頁均無問題，第三頁內容最
簡，原亦期其不致再有問題，不料因空格太多，寫收入
總數之欄太過靠右，已寫一數後發現誤入左格，與第一
頁第二頁不能銜接，臨時將就，即改用此行，迨全表已
成，發現已寫之數字有一處有誤，必須搽改，於是改用
新頁，舊頁作廢，一路抄入新頁，無有錯誤，最後寫總
數時，完全由舊頁抄來，寫好發現總數誤行，搽改後始

將就使用,如在出錯時即如此搽改,或不致如此又換又
改矣,甚矣做事不錯之難也。

5月17日　星期二　晴
體質

前日染髮後頭後有紅腫處,同時後額有數處久患頭
皮乾燥,洗後一、二日即有厚屑落下,上午到聯合門診
中心就診,取來藥膏一種塗擦,日二、三次。

職務

上午與馬副總經理討論固定資產定義入帳與
Authorization for Expenditure 之填發等問題,以余所提
草案加以修正,並加入一項 Request for Purchase 之有權
單位一節,限於工廠與公司總務處,謂目的在限制另一
葛副總經理與其所司之業務部分之濫購,顯示公司內部
不甚協調之情態。下午舉行小型業務會報,討論購料與
外銷貨品之價格等問題。

5月18日　星期三　晴
職務

準備明天提早發薪,將支票等簽好。馬副總經理今
日出差香港,據云對於採購方面之付款應特別注意,並
囑潘永珍君協助審核,意在對抗葛副總經理,但此實為
一種變格,而況表現內部意見紛歧,終非公司之福也。
準備公司變更登記用之上月三十日中文資產負債表與
二十九日試算表,因總帳非每日有餘額,為建廳可能前
來核對,故余囑記帳人員將廿九日餘額寫明於帳面。

交際

外資會計人員聯誼會晚集合於芝蘭新村 McElroy 家，其建築甚大，空地亦多，達五百坪，惟山路坡度太大。

5月19日　星期四　晴

職務

依照上週與馬副總經理討論之資本支出核定標準與固定資產處理原則二項草案所記要點，今日將二者再加修正，主要為加入有關 Authorization for Expenditure（AFE）之如何提出問題，原則上只有工廠與公司總務處可以提出 AFE，其他各部分均歸此二部分節制，且向此二部分提出，預算亦然，馬氏之意，即 AFE 核定後將來填用 Request for Purchase（RP）亦適用此一原則，但非本規則之題中文章，如加入甚為勉強耳。

娛樂

晚看電影「窗外」，由趙剛、白茜如等主演，由小說改編，文藝氣息甚重，但情節之發展頗多矛盾。

5月20日　星期五　晴

假期

今日為蔣中正、嚴家淦二氏就任第四任正副總統，行政院通令放假一天，余接觀禮證，由德芳前往參加。

5月21日　星期六　晴

職務

本公司向交通銀行所借美金貸款，每半年還本一

次，而美孚公司所擔任之擔保百分之五十一乃由總額計
算，緣是可以將本公司自籌之保證部分逐漸減低，最近
因本公司部分所提供之合作金庫保證延期，余乃進一步
計算至下期還款後應如何再行減低，以減負擔，經即擬
定方案備用，其方式為撤回保證，或撤回抵押，二者可
以任擇其一焉。

娛樂

晚同德芳看電影「蘭黛夫人」，蘇菲亞羅蘭演，因
戲院太壞，不終場而返。

5 月 22 日　星期日　晴

師友

晚，同德芳到黃鼎丞兄家拜訪，在答謝其春間指導
製酒之盛意，不遇而返。張中寧兄夫婦來訪，贈大專平
劇公演戲票二天。

體質

上星期日因染髮而致後頭髮內有紅腫，經每日洗淨
後塗擦由聯合門診中心取來之藥膏，一週來已經漸漸痊
愈，僅有一片發紅之處約銅元大小，不痛不癢，為時已
久，未見變化。

5 月 23 日　星期一　晴

職務

準備本週後半到高雄廠處理若干會計問題，但有若
干問題與業務同時有關，故在半月前曾與業務處貝聿燾
君談及同時前往，彼於今晨與其主管之吳經理及葛副總

經理言及，似有問題，迨余以出差申請表送葛氏簽字，彼雖因對會計隔膜，以代理身分簽字，但一再認為須先準備，並趁副廠長呂君在此時初步交換意見，彼似乎對於余發動業務人員而又未透過上層有所芥蒂云。

娛樂

晚，同德芳看大專彩排，以王馨東、蘇可勝之武家坡為最精彩。

5 月 24 日　星期二　晴

職務

上午舉行與業務處及高雄廠副廠長呂春霖君之聯席會議，討論三方面有關連之事項，備余與貝君到廠時進一步商量之用，此一會議比每月舉行之只由各單位主管參加且只討論較重要之方針者不同，因參加人員較廣泛，因而實務問題之接觸較廣也，午後又增加一小時始竟。

娛樂

晚，同高銓君到國光看大專聯合平劇公演，教子、坐宮與群英會，工力較深之票友為工專盧力先、銘傳魏承玉（公主）、中興孫步儀與師大王馨東等。

5 月 25 日　星期三　晴

職務

準備到高雄廠與工廠方面接洽事務之要點，並先請本處同仁周煥廷與孔繁炘二君將其平日所處理而有待解決之事項開出，但大部分仍為依據余之思索而得者。

旅行

下午四時四十分由台北乘觀光號火車南下，於晚十時半到達高雄市，住勝發旅社，同行者同仁貝聿燾。

5 月 26 日　星期四　晴
職務

全日在高雄工廠參加該廠與公司會計業務兩處之聯繫會議，出席者正副廠長袁慰亮、呂春霖及管理課長、發貨人員、會計課長，公司由余與貝君出席，主要問題為退貨之正當處理方式，與有貨物稅貨物退回時之退運證照問題，統一發票之限期填妥問題，聚苯乙烯加工品樣品之製造發送等問題，均一一實事求是予以解決，並即將分別實施。

5 月 27 日　星期五　晴
職務

上午在高雄廠與會計課長朱慶衍商談有關會計問題，包括固定資產帳之整理問題，試辦聚苯乙烯加工品分批成本問題，及每月向保險公司提供成品原料之餘額以便計算保費等問題。

旅行

下午四時半北上，六時到嘉義，住金都旅社，九時到東站接德芳由台北來嘉。到東南旅行社洽詢明日赴阿里山車票等事，均已辦妥。

5月28日　星期六　晴下午雨
旅行

上午八時與德芳到車站上火車登阿里山，一路茂林修竹，山色宜人，在海拔千尺以下之植物以竹及闊葉樹為主，再上山則皆為針葉樹林，且高可參天，在距阿里山已只二站以前，因山洞坍方，須步行越山接運，又在雨中，亦奇境也，下午一時到山，住新建之阿里山賓館，設備極好，下午大雨，未能外出。

5月29日　星期日　晴下午雨
游覽

晨，同德芳到阿里山三代木、博物館、慈雲寺、姊妹潭等風景區遊覽，一路大樹參天，引人入勝，惜晨起有霧，未見日出，但雲海可臥看，甚壯觀。
旅行

十一時十分由阿里山乘火車下山，三時半到嘉義休息、購物、晚飯，六時乘觀光號火車北上，十時半到台北。

5月30日　星期一　晴
職務

馬副總經理談公司大計，謂渠將於七月至九月赴美，在此期間之公司事務無法代理，言下對葛副總經理深致不滿，詢余對於此項過渡期間有何善策，余謂從無想像及此，容略作思忖，馬氏認為現在一種無首領狀態不容再延，Mobil 與趙董事長恐二者必有一方出售其股

份，蓋現局不容再延也云。根據在高雄所談之結論草擬退貨單五聯式樣一種。

瑣記

國大聯誼會徵求建屋意見，今日填復，希望建四十坪獨戶。

5月31日　星期二　晴

職務

本公司向交通銀行借款借據自退回該行因印花稅問題而改新據後，尚未將新據副本取回，今日始取回備查。下午舉行業務會報，余報告關於銷貨收入折讓問題應改善之點，及五年免稅應亟速進行。上午訪稅捐處四課呂課長及方股長與林君，彼等對於本次本公司提撥特別公積一千五百萬一案不表同意，認為雖未分紅，仍須繳納綜合所得稅，余表示須法令根據充分始可說服外籍股東，本人並無成見。

師友

李德民君來訪，談漁業公司已結束，已調電力公司服務，又談姜慧光表妹赴美事，彼等隋錦堂君友人亦皆不知云。

6月1日　星期三　晴

職務

草擬五月份工作報告，備提下月六日之業務會報，此次工作報告只有檢討應辦事項與報告事項，並無問題提出討論。

交際

在第一酒店與林天明經理招待稅捐處第四課呂課長、方股長及林、潘二君及程寶嘉會計師等，為綜合所得稅扣繳案聯繫情感。

6月2日　星期四　雨

職務

連日已將申請五年免稅之聚苯乙烯與電木粉兩項應用文件準備齊全，今日填製總表二份，至此已全部完成。應收票據內高雄合板公司五月卅一日期本票五十二萬元，前已在花旗銀行貼現，該行昨突通知，謂擔保付款行高雄華南銀行以背書不連續為理由退票，乃以電話通知高雄廠轉洽高合將款匯來以免多所周折，今日照辦，補息一天，華南此項貼現本票已不只一張，何以今日獨有問題，殊為費解，且所謂不連續亦只本公司簽字有四章較為分散而已。

6月3日　星期五　雨

職務

與馬副總經理對於資本支出核定標準再作最後之修正，並經渠與趙總經理會商後一同簽字自本月一日

起生效，其中事項有為日昨二人與 Mobil 之東京代表人
Kinsella 所同意者。到花旗銀行，送去本票二張，洽定
貼現一百一十九萬餘元，並約同洪君前往，囑其星期一
來取款轉送華僑銀行支付到期之 styrene monomer 進口
押匯款二百三十萬元，其不足之數一百一十餘萬將由本
公司現有之銀行存款內支付。

6月4日　星期六　雨
職務
　　為星期一須支付進口原料押匯款 230 萬元於華僑銀
行，而屆時各主管人員均須赴高雄開會，乃將一切支付
手續於今日辦妥，計將原存他行之現款開支票轉入華僑
銀行 115 萬元，一俟星期一花旗銀行之貼現款取到，立
即存入華僑銀行，並將今日預先開好之華僑支票 230 萬
元交該行國外部。
娛樂
　　下午，同德芳到中山堂看電影，王引、歸亞蕾合演
之煙雨濛濛，為一彩色片，由瓊瑤小說改編而成，演員
俱甚稱職，劇情亦有力量。

6月5日　星期日　陰
師友
　　下午，王慕堂兄來訪，其夫人與俱，談及台達公司
及趙廷箴氏有關之各公司，認為除台達有外資外，其餘
各公司皆發展太速，有欠穩健，余告以各公司之間與台
達無財務關連，故於他公司情形不詳云。

旅行

下午四時四十分乘觀光號火車南下，同行者台達公司同仁吳幼梅、潘永珍、高銓等，十時半到高雄，同住公司預定之克林飯店。

6月6日　星期一　雨

職務

本公司之業務會報自本月起間月高雄、台北舉行，今日為在高雄舉行之第一次，出席人員除工廠方面正副廠長俱參加外，其餘皆由台北公司來此，會報預定資料由本處提出者只有檢討事項與報告事項，而無討論事項，但余臨時提出固定資產之分類編號實施，因余見工廠已就數月前公司所定辦法分訂卡片並釘附號牌，公司已不容再緩也。晚飯在厚德福聚餐，極一時之盛。

閱讀

讀徐訏散文集「思與感」，因係結集，有極精心之作，亦有極鬆懈之作，余最欣賞其一篇養犬之紀念文字，刻劃入微。

6月7日　星期二　雨

職務

上午到公司檢查銀行往來帳與備用金帳，銀行帳因上月底尚未作調節表，而未付支票有十餘張，故頗費時間，備用金則只以單據抵現金數，雖算來相符，然終不若有帳簿記載之為妥也。

旅行

下午四時半由高雄動身，乘觀光號火車北上，同行仍為吳、高、潘諸君，因連朝霪雨，鐵路有沖毀處，列車誤點半小時餘，十一時一刻到台北。

閱讀

讀英譯本俄國 Gouschev & Vasleiv 編 *Russian Science in the 21st Century*，其中淺顯的勾勒出近年物理、化學、生物等之成就，有引人入勝之妙，但一切均認為係俄國之資產，而唯我獨尊，徒示人以偏狹不廣耳。

6月8日　星期三　雨

職務

與本處同人及工廠會計課長朱君研討若干會計問題，其一為代客加工尿素膠希望能控制製造量，因常有不夠交貨須由自製部分撥交，於是原料還原等手續極為繁瑣，其二為寄存之客戶原料入帳及對帳方式，其三為業務部分發送樣品前後手續不一，以前迄未清理影響庫存，其四為應即準備盤存，以免年底辦理不及。

交際

晚，外資公司會計人員聚餐，今日無專題研究，只就一般問題漫談而已。

6月9日　星期四　雨

職務

去年度藍色申報今日接到通知，定十一日查帳，今日先與金君往訪經辦員李西淇君，先行準備資料，改定

下星期二查帳。整理丸紅飯田與 Expedo 兩家供應商之
溢額外匯，並按收支實際數（不包括其中調撥兌換等紀
錄），製成收支表一種。

6月10日　星期五　雨
職務

　　馬副總經理談其目前處境，謂因與葛副理平行，甚
難配合，而葛所主管之業務亦甚不恰意，故曾與趙總經
理洽妥授權馬氏代行，但又遲不發表，渠下月休假赴
美，授權即生問題，並如不代總經理，無論由葛代理或
另以其他同仁（目前無適選）代理，體制均有不同，正
為此事納悶，詢余意見，余表示如趙委代自是上策，馬
氏謂如趙氏詢及此節，望從實表示意見云。

6月11日　星期六　雨
職務

　　馬副總經理下週出差，今日約其主管各部分之主管
人談如何授權，大致為須核准之事歸翟總工程師代理，
其中傳票歸翟君，但支票蓋章歸潘永珍君，對紐約例行
函件報表由余代理，但有特殊事項時則向趙總經理請
示，人事一般事項由金毅代理，任免在其赴日期間暫停
辦理，以上措施並將發出通知，以免另一副總經理有權
責不清之想法。

6 月 12 日　星期日　雨
閱讀

讀紐約 Irving Trust Co. E. D. Shaw: *Practical Aspects of Commercial Letter of Credit*，此一小冊簡單明瞭，對於 L/C 之定義，Line of credit、Secured and Unsecured、Revocable and Irrevocable、Unconfirmed and confirmed（即付款行聲明有支付義務者）、Acceptance Credit、Revolving credit，以及種種對於出口商出口以前之資金融通方式，皆有十分明白之分析，惟對於東方之方式只有 Authority of Purchase 一項有所敍述（draw on purchaser not on bank），對於現行 Usance credit 與此間之 D/A 則未涉及也。

6 月 13 日　星期一　雨
職務

前日馬副總經理之授權辦法於今日以書面通知施行，趙總經理不表同意，因而發生齟齬，余與吳幼梅君兩度上樓與趙氏晤談，第二度馬氏亦在，吳君無意見，余則採調和態度，但各走極端，結果趙氏堅持其傳票不得以翟君代，支票不得以潘君代，不歡而散，馬君急於登機赴東京，倉皇而去，此一波折喧騰公司上下，或為扼腕，或資談助，更有樓上華夏公司與馬君有隙者更幸災樂禍，引為笑談。準備藍色申報查帳補充資料。稅捐處來員為補繳去年所提特別公積金事表示不同意，研商半日，決定先來公文。

6月14日　星期二　陰

職務

由於工作效率低降，五月份報表延至今日始寄紐約，余將信稿備好後，本可代馬副總經理簽發，但因昨日趙總經理聲言推翻其授權，乃託秘書詢以如何簽字，彼云自簽，乃即照辦，復因打字延誤，至晚七時始行寄發。寫成本年藍色申報補充資料七項，備明日到稅捐處應付查帳之用，此事本為今日開始，由該處自動延緩一天。

6月15日　星期三　陰

職務

上午，同金毅君到稅捐稽徵處接受 54 年藍色申報查帳，其方法為依照申報表所列費用項目與帳上餘額先行核對後，再逐筆看帳上所記內容，由於記帳員于君在準備各費用明細表時，係於無形中將科目間有應移記之帳項加以移動而未加註明，以致若干科目之餘額均與帳上不同，經先後約公司同仁前來一同核對，雖略有眉目，然因費時太多，審核員李君乃囑今晚先行核對，以利明日工作，於是於下班後加班將各費用一一核對加註。

6月16日　星期四　晴

職務

全日在稅捐處接受台達公司之查帳，其重點只為分析各項費用之內容，發現有無應作為資本支出及有無超

出限度之費用，所謂超出，乃指各年度財政部所核定之查帳準則，雖有若干並不與所得稅法不符，然只好聽其挑剔，蓋去年本公司之所得額低於應免稅所得額（因在一項公式之下，其他支出應減除不算之故），雖將所得額提高，未必即增加甚多之稅金也。

6月17日　星期五　晴

職務

上午到稅捐處接受查帳，至現在止，除等候工廠寄來之原料材料帳外，其餘各帳均已查完，下午即準備各項補充資料，實際皆為依據其行政方面之片面規定，如旅費不得超過公務員標準，新產品廣告費分三年攤銷等，皆因為數無多，故不與爭辯耳。

交際

晚，在統一飯店宴請稅捐處林、詹兩股長及何、李兩審核員，本公司由余與周、孔、金三君招待。

6月18日　星期六　晴

職務

下午到稅捐處送各項補充資料，大致完妥，只餘一種銷貨收入與完納營業稅之營業額之相互核對，此事昨日即交孔君查填，但因與帳上發生差額，至晚未成，今日上午余囑其與每月經手核算營業稅之徐君共同辦理，但二人並未合作，至午猶無結果，下午余與孔君將每月分析，發現有半數以上月份不符，欲詢問他人，因已散值不果，只得再延數日矣。上午囑周煥廷君往稅捐處核

對原料帳，對於製造成本內之由成品轉入原料與費用部
分，大費推敲。

6月19日　星期日　晴
交際

　　李公藩兄患食道癌已半年餘，最近悉其又經第二次
手術，下午與德芳到徐州路探望，並贈水果，見其精神
甚好，談笑如常，但體力極弱。

譯作

　　續譯 *Agricultural Credit in Underdeveloped Countries*，今日
譯第二章農業信用之需要問題，此章甚長，只成小半，
約二千餘字，內容注重農村社會之特質。

6月20日　星期一　晴
職務

　　稅捐處在藍色申報中索製營業稅報繳與帳列營業額
之差額解釋表，上週交孔君辦理，而遲遲無結果，今日
再將余已按月查出之差額細數交徐、王君分別核對，蓋
報稅時係彼等所計算，至下午只核出一部分，余到稅捐
處說明又未能繳卷之理由，深為無以自解，於是連夜趕
算趕編，於今晚完成之。上午，稅捐處司扣繳之林君又
來研究今年綜合所得稅股利扣繳問題，取去余前編分紅
大表一張，此事因財政機關漠視獎勵投資條例之意旨，
故意作種種之曲解，以期搾取稅收，引起工商界之反
響，現正議論紛紜如火如荼。

6月21日　星期二　晴
職務

　　稅捐處之營業額對照表於今晨送往，李君並進一步囑由全部發票額做起，蓋余本為解釋銷貨報繳額其範圍較少也，營業收入以外之發票項目甚少，此本不成問題，不料本公司帳上之其他收入亦有混入發票營業額報繳者，於是又須先行調節，如此調節復調節，為之目眩腦脹，余與周孔二君工作至深夜尚無滿意之結果，而最基本之原因即為報繳之時，多未將其與帳上之差額加以調節說明附於報繳卷內，乃有此失。

6月22日　星期三　晴
職務

　　為應付稅捐處，於今晨趕製一張去年統一發票總額與其中營業稅報繳之營業額對照表，送到該處，李君對此不認為有用，仍堅持須以統一發票總額與帳列營業額對照，換言之即必須查明所開統一發票中有何等項目為非營業收入，此即牽及營業額中何者多開或何者不開發票之問題，本亦無甚複雜，連日不假時間，無法對出，余亦為之精疲力竭，至此乃試要求延長一週，妥協為三天，歸囑各同仁逐月詳核，必要時就發票一一分析。
交際

　　外資公司會計人員聚餐今日由本公司輪值，只到六人。

6月23日　星期四　晴
職務

連日所焦灼之全年發票額與營業額對照表，今日已在周、孔二君通力合作之下將差額尋出，其中曲折多端，然由此表之告成，其總數將全年為營業以外所開之發票內容完全顯示無遺，其中一般性質者而外，最特殊者為因發票技術問題與沖帳退貨問題對客戶多開之發票，實為營業稅之多完而非營業收入額在藍色申報之短報也。今日為端午節，下午早二小時下班。

6月24日　星期五　晴
職務

工廠綜合保險自去年十月開始，至今年三月因保額提高，另換保單，此半年保險為期已過，保費未付，決定俟此期內工廠所報原料成品實存數量算好後通知承保公司，以免退費之繁，今日依據工廠資料將各月份數目加以統計，發覺除十月份外，其餘皆有超出保額，對於馬副總經理之希望減輕保費負擔一節，實覺難以達到目的也。

6月25日　星期六　晴
職務

上午到稅捐處面交營業收入與開立統一發票差額解釋表，已獲同意，擾擾數日之資料，至此告一段落，現已只餘少數零星事項，即可結案。

交際

中午，張志安師母宴客，為競選憲政研討會教育組召集人。

師友

王培五女士日前來託為其幼女張鑫以台大醫學院四年學分獲普渡大學化學獎學金，向教育部申請通融出國事，今日往訪張隆延處長，不遇。晚，同德芳到溫州街訪許東明教授，探問紹寧轉系可能，並贈紹中由美寄來玩具。

6 月 26 日　星期日　晴

交際

上午到極樂殯儀館弔酈宏啟兄封翁之喪，因家祭時讀祭文費時近二小時，致公祭為時較晚，弔客多不候而散。

師友

方耀光君來洽借三千元以供償債，余力不能及，且素無金錢往來，故只允其約集合會，余擔任五百元云。

瑣記

有高密毛某，稱為退役軍人，曾來借款，德芳予以少許，今日復來，謂將赴台東就業，缺乏旅費，意欲再索百元，余告以素昧生平，既自稱與高密蔡代表子韶相識，希得蔡氏一言，彼見計不售而去。

6月27日　星期一　晴

職務

　　稅捐處限明日前繳納扣繳股東綜合所得稅四十餘萬元，上午並派員來催，謂如不繳將依所得稅法 114 條移法院處罰加倍，余自思此事本可作主答復不繳，但又顧慮萬一有罰，豈非負額外責任，乃於下午往與病假中之馬副總經理商洽，彼意亦主不繳，因其法理有虧也，經其與有關方面數度電話探詢，其意更決，並由余往訪端木愷律師，彼意法院不致如此孟浪裁定，余回公司後稅捐處又來電話，余告以須問紐約股東云。馬副總經理有意脫離台達，詢余可否同往接溫徹斯特公司，余立表同意。晚與本處同仁聚餐，商計如何加速月底結帳程序，獲致結論五、六項，明日即付實施。

6月28日　星期二　晴

職務

　　緩扣股東綜合所得稅經稅捐處通知限期補繳一案，今晨再向股東代表白鐵珊與趙董事長談，白氏以律師意見為意見，趙氏則謂財政部曾有接觸，恐難免照繳，但余已將請繳之公文辦好，趙氏云仍可照發，該文即於下午發出。下午再補送藍色申報查帳資料數項於稅捐處，一為十噸機器報廢申請文與建設廳核准文影本，二為三十噸設備免稅五年起迄日期證明，三為歷年甲醛產銷量及產與銷間在 54 年發生差額之內容解釋等。午與金君訪稅捐處秘書吳齊景以示聯絡。

師友

下午訪張隆延兄，為張鑫欲以四年大學學分請得獎學金申請出國事，張兄云非大學畢業不可，向無此通融之例，晚間到建中訪王培五女士告以經過。

6 月 29 日　星期三　晴
職務

稅捐處為緩扣問題來談昨日去文，仍將囑速繳，然已無限期，可從長計議矣，可見其原所謂移法院裁罰，只是虛聲恫嚇而已。

交際

中午參加 AID 同仁公送吳學忠君離職宴會於 FOCC，共九人，飯後並到其辦公室閒談。

6 月 30 日　星期四　晴
職務

為下星期一必須支付之購料款二百八十五萬元而大費周章，蓋依余之預計，應收帳款可收者有林商號四十萬，開南公司四十萬，亞洲合板一百萬，本公司存現一百萬，即可穩渡，不料亞洲落空，林商號只得半數，而開南模稜兩可，於是亟向花旗銀行洽借貼現一百萬，尚須逐索開南，始勉強應付。

7月1日　星期五　晴

職務

　　寫作六月份工作報告，備提下星期一之會報。稅捐處派二人來查營業稅報繳、帳簿記載與傳票憑證等，無大發現，只有分錄簿只登至二十日，比規定不得過十天計超出一天，一再認為問題，經補記數日而罷，中午約其在杏花樓吃飯，並贈賽玻璃製品。下午與 Mobil Chemical 東京代表 Kinsella 討論此次稅捐處勒令扣繳緩扣股利所得稅事，不得要領，將於明日與端木愷律師再談一次云。

7月2日　星期六　晴

職務

　　到稅捐處第一課問袁君關於舊公司增產新產品申請五年免稅，是用新公司格式抑用擴建增產固有產品格式，因二式皆不甚合也，據答仍用後者，但後者所用之印就文字不適合者可以修改云。

集會

　　下午參加合作節大會及合作事業協會年會，第一個會已兩小時始散會，接開第二會，余未待其散會而退。

7月3日　星期日　晴

譯作

　　續譯 *Agricultural Credit in Economically Underdeveloped Countries*，今日為第二章，但尚未完，此章為論信用之需求情形，分析極為詳盡，已譯其大半，今日共譯六千字。

體質

左下臼齒又有不能嚼食及特畏冷熱之情況發生，故連日飲食幾乎全恃右邊假牙，過硬過韌者只好放棄或粗嚥矣。鼻孔嗅覺不全依然如故，上午由喉分泌黃粘液，亦有小部分由鼻孔出，上牙開刀兩年，仍有麻木感。

7月4日　星期一　雨
職務

上午到花旗銀行以三張客戶本票辦理上星期洽妥之貼現，但等候一個上午始行辦妥，其中且經一外籍行員之推敲並與余及其楊副理談話，檢討本公司之 Receivables Collection Period 問題，蓋在本公司年初辦貼現時，楊君曾有簽註，謂本公司前年收帳期為 65 天，去年為 115 天，乃屬擴展時期之臨時現象，不久即可改觀，何以至今猶然，余只好以發展外銷設總經銷以含糊答復之，最後決定今日先貼現，由本公司補送六月底數字備核。下午舉行業務會報，余於書面報告外並對上述一節提出口頭說明，以資警覺。

7月5日　星期二　晴
職務

花旗銀行為分析本公司財務，索五月底資料，余今日將其時之應收帳款、應收票據、存貨、銀行借款餘額等以及一至五月之銷貨與純益開送，並發現存貨增加甚多，應收帳款亦然，短期之銀行借款亦比年底為增，此一情況表示周轉狀況不若去年也。

師友

李德民君來訪，談已在電力公司服務，但有意至一家僑資紡織廠主辦會計，且謂設備似尚甚新，余認為可就，蓋新設備之紗廠在台尚屬有利可圖也。

7月6日　星期三　晴
職務

將申請五年免稅之 Phenolic Moulding Powder 與 Polystyrene 二項產品之申請資料與公文全部整理齊全，分成建設廳與稅捐處二部分，準備送出，其中略為特殊者為 Polystyrene 在行政院公布之獎勵類目中限於以苯及乙烯製造者，而本公司則用 styrene monomer 製造，經在文內加以說明，謂本公司設廠前申請列入類目，核准時並無限制，而類目正式公布於四月間，本公司當無改變餘地也。

7月7日　星期四　晴
家事

上午送德芳率紹彭乘觀光號火車赴員林參加明日之高中入學試。
職務

上午同金君到稅捐處與藍色申報有關人員作一周旋，並因已經查帳完畢，為明瞭查帳剔除內容，將其查帳報告要點加以摘錄附卷，此為本公司以前所無，以前只知根據稅捐處通知補稅，鮮能查悉其內容也。

師友

晚，朱興良兄來訪，談其逢甲學院學生有願申請至
台灣聚合化學品公司工作者，以為此公司即余所服務之
公司，告以非是，並略告該公司內容以所知。

7月8日　星期五　晴
職務

馬副總經理談，渠擬於下週起赴美度假，約費時二
個半月，日前所發 Delegation of Authority 已得趙總經
理同意，其中與上次不同者為對於翟總工程師之代理權
限已將財務部分取消，又支票圖章改交吳幼梅，渠此次
假滿後將決定是否往接 Winchester 公司，如仍往接，
希望余往為助，為確定其計劃，請余再作考慮，余答以
肯定，無其他考慮云。全日忙於填寫扣繳綜合所得稅半
年分戶憑單，昨日已竟其半，今日因名類太多，計算太
繁，故於完成後尚未填總報繳書，而明日限期即屆矣。

7月9日　星期六　晴
職務

趕辦上半年綜合所得稅扣繳申報，預期晨間可完，
但因用印分訂等瑣碎手續關係，直至中午始竣事，下午
往稅捐處欲繳，又知其總申報書格式有更改，最初且
謂空白須向總處索要，幸另一稅務員給余空白二份備
用。聚苯乙烯與電木粉五年免稅申請於今日送稅捐處
與建設廳。

瑣記

　　五十三年上期台北縣潭垵地價稅因等候下期稅單年
餘未繳，今日往中和鄉庫繳納，彼亦不知何以以後無稅
單，至 53 年上期滯納罰金最初欲以 20% 計，後余爭罰
則當時不同，始改為百分之六。

娛樂

　　下午到中山堂看電影「金鼓雷鳴」，為一西部武打
片，尚好。

7 月 10 日　星期日　陣雨

師友

　　上午到敦化南路訪佟志伸兄，賀其移居，並還以前
所借書籍。上午，國大同人方念諧君來訪，因憲政研討
委員會即將成立，渠競選文教組召集人，詢余已否決定
參加組別，余告以已決定推選張代表志安，並參加文
教組，無法變更，聞此次各代表認組，甚少按個人興趣
者，而多係受競選人請託，加入其競選之組別，故所謂
研討，亦徒有其名，無人能發揮其專長也。

7 月 11 日　星期一　陣雨

職務

　　因綜合所得稅扣繳申報書格式改訂，更多之計算數
字須行補入，故改填又費去半天，本擬午前到稅捐分處
送驗，因等候用印，直至下午三時，始一切齊備，而又
傾盆大雨，迨雨住後，又因本可明日起稿之送紐約月報
表信函經馬副總經理催辦，希望今日下午草就，而不能

前往，於是最後一天即如此延誤矣，甚矣處事不能主動之苦悶也。本月份應送紐約報表於今日編就，明晨即可送出，此次因事先籌劃配合周詳，未予加工，而能提早三天，可見預則立之理為不可破也。

7月12日　星期二　晴

職務

到稅捐處補辦上半年扣繳申報，由林士勳君受理，並約其晚飯，由本公司孔君作陪。填製中華開發公司之貸款成果表，分 52、53、54 三個年度，將由於該公司貸款而來之設備自安裝起每年增加出品之量值，以及外銷若干，外銷內原料外匯支出若干，內銷若干，內銷所省國家外匯若干，此一表格雖內容甚簡，而計算方式甚繁，須由各種文卷查出數字，且不能十分準確。

7月13日　星期三　晴

職務

本公司 54 年營利事業所得稅於上月底結案，有關之稅捐處人員，計有主辦審核員一人，其直接上級股長課長與秘書各一人，前者報酬一萬五千元，後者各五千元，前者已於以前付一萬元，今日與金君再送去五千元，並送秘書五千元，其餘二人因出差暫緩，此即今日台北市之稅風也。

交際

晚，公司同仁為陳小珍小姐及馬副總經理餞行，二人均於日內分別赴美，一為離職，另一為休假二個至三

個月。

7月14日　星期四　晴
職務

　　編製應送紐約之四至六月份季報表，大部分已由周君擬妥，但有新增附表一種，為以今年六月底之資產負債表及上半年損益表與去年者相較，如增減有超出美金一萬元者，須說明其原因，此點為分析工作，余就其算好之表，一一填好，每項以一行為限，不多亦不能少，頗費周章。端木愷律師答復本公司函徵對於稅捐處又來函主依所得稅法施行細則一百條之規定，辦理對於股利所得稅緩扣一案之程序意見，又主張可以先繳而後申請複查，與上月末與余面談者有異，故公司當局亦主先繳，然則何不於上月末即如此辦理哉！

7月15日　星期五　晴
職務

　　一年以來公司因建廠關係對各種保險形成若干懸案，且多集中於中國產物保險公司，蓋該公司為中華開發公司之聯繫公司，數年前因一筆貸款而成立四個財團，後又於去年申借開發貸款，以其中第二財團為擔保，迨今年該公司結算保費，又包括若干新貸款進口機器，筆數繁多，且費率中途變更二次，又因綜合保險開始而退保，曲折複雜，久引為難題之一，今日將其理清，並發現一三四財團根本無質權存在，開發公司不過慷他人之慨，遂以電話洽明該公司將該筆保費九千餘元

剔除。

7 月 16 日　星期六　晴

職務

　　上午同金君到稅捐處致送其主管所得稅之課股長各五千元。又訪第四課長表示外國股東已同意繳股利稅，但須申請複查，呂課長似認為繳後即為完事，余不能作主，彼云與股東商洽再議，此稅本甚勉強，只因外股及律師出爾反爾，故余亦不熱心為彼等省稅，但複查為律師主張，故不能不提出也。

娛樂

　　下午同紹寧看電影 The Sound of Music，Andrews 主演，「真善美」可以當之也。

7 月 17 日　星期日　晴

譯作

　　續譯 *Agricultural Credit in Economically Underdeveloped Countries*，今日所譯為第二篇中段，包括三個子題，一曰 Security in Relation to Credit、Social Overhead and Facilities 及 Economic Motivation and Attitudes，所論已甚多超出經濟範圍，且涉及社會與民俗，可見作者取材廣泛，其所論之中心固在經濟，而其所持態度，則以可以付之實施者為其著眼點，而有此理論與實際打成一片之作也。

7月18日　星期一　晴

職務

編製本月份薪俸表，因等候業務部分加班費資料，直至下午始知全月發款總數，立即由合作金庫轉入華南銀行。因北市稅捐處通知賠繳緩扣之股東綜合所得稅，曾函徵詢律師端木愷與會計師程寶嘉之意見，端木前已回信，不著邊際，程亦於今日回信，主張繳納，持論與其在股利分配之初時之來函不同，此等自由職業人士皆無一定見解，經與葛副總經理商洽，渠認為可以照繳，但如有罰鍰則不予置理，與其按司法程序週旋，尚不知勝敗誰屬，余亦云然。

7月19日　星期二　晴

職務

一年來與中國產物保險費未有結算，因其一再有保率與退保等加批問題，而本公司以前因此等加批問題未決而致計算成本未按實際情況攤算等困難，因最近將懸案作一總清結而連帶的得以解除，惟因以前先行按估計對帳之應付保險款與預付保險費兩科目之數額與現在結算數有所出入，主辦之孔君感傳票難製，余乃助其作出分錄，其中退費數余本由應付科目內沖轉，事後思應由預付保險內記入貸方，表示不再負擔，較易明瞭也。（應付科目自此次清結即無餘額，其差額係與預付對轉者，故結果二方法相同也。）

7月20日　星期三　晴陣雨
職務

　　補繳股東緩扣所得稅事，今日以輕描方式辦理之，上午以電話與稅務員林君聯絡，謂上週與其課長談過，本公司現定今日繳納，但因該處原通知所附報繳書有加蓋限期，且已逾限，故將自行另填報繳書，彼云照辦，遂於下午繳庫，傍晚林君電話謂此項報繳書仍須由該處加蓋日期，余告以已經繳過，乃商定補救辦法，明晨同到代庫銀行就報繳書各聯加蓋日期後，再由公庫將各聯分送，此事該處本尚另有一責令賠繳之文，如此則事實已成，賠繳之文無形取消矣。

7月21日　星期四　晴
職務

　　紐約來信對於去年年報表之缺失，又重提一過，此前早已有全份修正後報表印本寄回，今不過再加敘述而已，余今日擬復，對於其不憚繁瑣，表示謝意，但去年底之年報不過為第二次，紐約之綜括表報習慣與需要，有非文字所能完全表達者，例如 work-in-process 之餘額依會計規程應為 Products 科目，而紐約則習用 Materials & Supplies，再如本公司加工收入，在預算與月報表均滿收滿計，而季報年報則只列淨盈，此皆由摸索而來，非時間與習慣相沿，何由知之。花旗銀行一再調查信用，昨日寄去六月底報表，今日電話問明細數字，而宋作楠會計師又電話問該行要該事務所供給年底明細數字可否照辦，此銀行之刻板工作可謂充分矣。

7月22日　星期五　晴
職務

　　使用中華開發公司貸款有填送不完之調查表，除在
採購階段須有支用月報表，此已於去年底停止，尚有一
種成果調查表，亦於最近送去，此等表似為不定期的，
另有一種產銷季報表，今日正編製第二季，此表非至貸
款完全還清，須每三月填送一次，至於每年之決算報表
亦須在有欠款期間照送，則其餘事矣。

7月23日　星期六　晴
職務

　　在馬副總經理請假期間，其 Delegation of Authority
大體上以總工程師為代理人，但又限於其總務、人事等
事項，財務事項在外，此其一，另一項又謂其傳票蓋章
亦由翟君代理，然傳票多涉財務事項，此猶之乎葛副總
經理代趙總經理蓋支票章，不能完全不問支票之內容，
同為一種混淆不清之事也。
交際

　　同事周煥廷君與趙梅蘭女士在公賣局禮堂結婚，余
與德芳往道賀並赴喜筵。

7月24日　星期日　晴
譯作

　　繼續 *Agricultural Credit in Economically Underdeveloped
Countries* 第二篇農村社會之特徵與農業信用之需要問
題，第九節論領導力與政府之任務，第十章全篇結論，

今日譯二千五百字，將為本書內分篇後最長之單位之一，在譯述中無何困難，僅其中有涉及 Labor Intensive、Capital Intensive 等問題，因行文簡略，意義不易把握，而譯文又不便引伸，感覺不能曉暢耳。

7 月 25 日　星期一　晴
職務

　　草擬對於扣繳股東盈餘綜合所得稅申請複查之公文，此為依所得稅法第九十六條之規定於全數繳清後申請之複查，在寫作前為尋出反駁稅捐處所提似是而非之理由，頗費周章，蓋該處認本公司既將當年度盈餘依第七條作為擴充新設備之用，何能再以作為償還銀行借款之用而引用第八條規定緩繳綜合所得稅，余所提理由為政府對此只免稅 25%，其餘既無優惠，何得限制，故所謂當年度盈餘若干若干，只是一種算法，一種限制，非必以之為醬油錢與醋錢之區別也，且理財上亦無由劃分焉，全文約二千字，為公文之較長者。

7 月 26 日　星期二　晴
職務

　　Authorization for Expenditure 之制度在建立中，故半年來應送紐約之 Schedule of Capital Expenditure 迄今未送者，希望在本月份起開始編送，故工廠方面亦在趕作上半年與本年底尚未動用支本支出之 AFE，余今日審核帳內情形，見半年來雖有支出，然因年初有奉准報廢資產原價四百餘萬元，故固定資產在本年之增加額實

為一負數，此在開始編造時為一必須特加處理並說明之
問題也。

7月27日　星期三　晴
職務

　　審查工廠所送預算，以與續送之 AFE 核對，並查
核月份分配表內已過之半年分配數與帳上已列支者是否
相同，經發覺有差額，除已經查出有數筆已經支用而預
算內竟列於七月以後者外，尚有小部分原因不明，乃將
總帳數額開出，交翟總工程師持到工廠與其明細帳核
對，又所簽 AFE，係將全年度預算全部簽出，經發覺
有部分前已簽出者，現在又簽一次，乃予以調整云。

7月28日　星期四　晴
體質

　　一兩月來左面牙齒咀嚼益感困難，極度怕冷怕熱，
怕硬又怕太韌，故漸漸變為用右面牙齒，實際上右面之
假牙亦只勉強應付，前數年用時極少也，上午到聯合門
診請陳立元醫師診察，渠認為不拔亦可，若拔去左上方
現存之最後一顆，則變為左方全不能用，故若再拖一個
時期，亦無不可云，乃返。
家事

　　紹彭考取員林實驗中學，今日到校體檢與口試，事
先曾函楊鵬飛校長，因長途跋涉，詢可否憑公立醫院檢
查單而待開學補行口試，遲未得復，紹彭歸後謂校方認
為已經核准，但余既不知，故只好照規定辦理云。

7 月 29 日　星期五　晴

職務

本月底以前須辦營利事業所得稅預估申報，余於今日將上半年實際損益數字加倍計算，算出全年所得額，然後照免稅出品福美林在全部產品中之比例算出免稅所得額，再照公式算出應納稅額，最後減去預料用於擴充設備之全年所得額之四分之一，得出最後所得額，乘以稅率公式與 50%，得預估額。因有四分之一之免計，故應納稅額不過十餘萬元，半年只五萬餘元。

聽講

下午聽美僑劉大中教授演講，談對政府有關經濟學發展之希望，非學術性，最後補充一項對大陸經濟之看法，頗冷靜深刻，引人入勝。

7 月 30 日　星期六　晴

職務

本公司銀行借款因應收帳款漸增而亦有漸增之趨勢，故只須借入，即難籌還，現在交行五百萬元又須換約，再延半年。各固定資產科目之總帳餘額與工廠所記明細帳不同，半年來竟未對帳，今日通知工廠凡明細帳在廠而總帳在公司者皆須按月對帳，此事余本不知，因核對工廠所補上半年固定資產分配預算發現差額約三十萬，今日核對知有明細帳漏記也。

集會

下午出席光復大陸會擴大座談會，林語堂氏主講目前大陸上進行文化整肅之看法。

7月31日　星期日　晴

瑣記

上週止所譯農業信用問題第二篇，今日重加核校，覺行文甚暢，而簡單文言比白話更能收簡明之效，僅對於末端結論有數語不能十分明白，只好就字面迻譯，此兩語為涉及資本勞力土地之投資先後問題，有關理論者也。

交際

晚，參加同鄉林萬秋之子婚禮宴會於悅賓樓。

閱讀

讀廣文書局通俗科學小冊三種，有極簡單之常識介紹，頗有益。

8月1日　星期一　晴
職務

擾攘多日之本年建立本地用 Authorization for Expenditure 事，今日始略有端倪，只待將已簽出之 AFE 登入一項設計之登記簿求得累計數，並根據此一支出登記簿將支出數求得累計，即可將兩數填入月報表，雖此兩簿尚未登記，然指日可待，而在紐約新定格式並無 commitment 之記載，否則兩登記簿之格式比余所擬者尚須更為複雜也。

8月2日　星期二　晴
職務

草擬上月份會報資料，將提出於下星期一之會報，此次會報之資料較多，並提出一項討論案，即帳上懸欠款項，有歷時已久，屢催不還者，請討論一項辦法予以清理，至報告事項則多達十一項，均只舉綱要。主管會計常於不經意中形成漏洞，即如現在所記之明細帳每月來此對帳一次，余初未知只限於原料與材料，日前因核對其補編之支出預算是否上半年各月份數字與帳上相同，乃發現工廠資料來源之固定資產明細帳漏記甚多，不知其何以每月不加核對也。

8月3日　星期三　晴
職務

上月所作之電木粉與聚苯乙烯二種新產品五年所得稅免稅申請，前經建設廳復文囑補送各種前所未規定之

文件，已於數日內會同工程部分辦就，今日備文送該
廳，揆之來文所指，多注意聚苯乙烯之經財政部轉奉行
政院核准專案列入獎勵類目之往來公文一點，其要點當
在因類目公布限制製造程序為由苯與乙烯二者為原料而
本公司乃用苯乙烯單體，本公司應不受限制，其原因為
類目公布在後，而專案在前，在核准之時並無製造程序
之限制也。

8月4日　星期四　晴
職務

　　本公司總工程師翟元堃於今日赴歐洲與正在休假之
馬賓農副總經理會晤，探詢擴充設備事，同仁數人赴機
場送行，余亦前往。翟君本代理馬氏之職務，但又以總
務、人事為限，財務、會計原亦部分包括，經趙總經理
為之除去，故翟君謂余所主管之部分為「自治」，頗有
見地，亦極有風趣。前日所記之固定資產明細帳問題，
後知該帳根本未記，工廠認為須加新帳簿，一直拖延，
經囑其勿爾，如帳簿不夠，明年再行增加。

8月5日　星期五　晴
職務

　　今日在核閱固定資產帳時發覺一極有趣之問題，緣
有一張傳票將處分之固定資產沖銷，貸方科目原為折舊
準備（指折舊不足部分），但又改為固定資產科目，該
傳票余已蓋章，但不憶其事，詢之孔君，謂該筆帳乃王
君過帳時誤記，次月始發現，乃將錯就錯，始發覺時將

科目改錯，同時另製票沖銷，以免追溯改帳之煩，此法
如非孔君點破，無人可以揣測，第不知此一錯誤如何可
以發現，蓋明細帳未記（見二日、四日日記），不易得
知也。

8月6日　星期六　晴

職務

　　本公司為緩扣股東綜合所得稅一案，曾於上月申請
複查，今日稅捐處派黃闓由林士勳君陪同前來開始調
查，首先對於獎勵投資條例之真正意思，各就所了解者
提出解釋，今日以余發言為最多，完全為對於申請公文
之詳細說明，黃君對於本公司之公文認為極其詳盡，立
場亦甚明白，但問題焦點在於該兩條條文是否涉及年終
盈餘之現金支配，亦即是否所還之債款係用當年度之盈
餘，若就此點觀察，亦可認其有，亦可認其無，此乃一
會計資產方面之問題，似乎不影響本案也，本公司之見
解認為無論有無由當年度盈餘償債之事，均不影響第八
條之適用，另一點為余提出，即是否所還之債以當年度
應還者為限，余在緩扣之時，未以此為限，乃採當時財
政部林科長之口頭解釋，黃君不以為然，余表示此點可
以討論云。

交際

　　午飯招待林、黃二君於馬來亞餐廳，並到台北歌廳
觀歌舞，甚精彩。

8月7日　星期日　晴

參觀

　　同德芳到歷史博物館看吳昌碩、齊白石遺作特展，有書畫、金石等約一、二百件，其特別突出者為吳氏之石鼓文十二幅，另有楷書對聯，樸拙之趣盎然，不同凡俗，齊氏則小品獨擅，惜為時太短，其金石文字則不及看也。

譯作

　　續譯低度經濟開發國家農業信用論，開始第三章「農業信用之供給問題」，今日譯三千字。

8月8日　星期一　晴

職務

　　舉行業務會報，本處提出報告事項十餘件，並討論事項一件，為懸欠款項之清理方式，此外有關新安公司代本公司加工帳亦極為糾纏，決定暫時不付現款，將其欠款與所欠物品模子等早日退回云。晚在第一酒店聚餐，表演節目有歌舞技術等，其中西德與美國藝人之頭上與跳繩技術，可謂一流。

8月9日　星期二　晴

職務

　　編製今年一至七月之 Capital Expenditure 報告表，此為二、三月來從速辦理固定資產預算以及簽發 Authorization for Expenditure 之目的，此表內容不過寥寥數行，然因含七個月之期間，故甚費周章，其中 AFE

部分已根據新設之 Register of AFE 之累計數加以填明，
而實支部分則因帳簿遲遲未登，乃採權變辦法，就總分
類帳有關科目加以分析，剔去空轉虛數後，按實支總數
登入。

8月10日　星期三　晴

集會

　　上午，參加國大代表提名代表聯誼會，討論今日下
午秘書長郭澄約集談話事，決定一同前往。下午郭澄約
各代表談話，原因為最近即將舉行新憲政研討會小組委
員會召集人選舉，為顧慮枝節問題，規定憑出席證投
票，列席代表望勿參加，發言者甚多，為顧全大體，原
則接受，余表示望早解決之列席代表權基本問題，以為
正本清源之計，席間有同仁對秘書處畏首畏尾，懼大欺
小，表示不滿，持論鞭辟入裡。

交際

　　下午參加任小英先生治喪會於中山堂，決定各項弔
祭時間、地點等。

8月11日　星期四　晴

職務

　　核閱工廠所編之去年底固定資產表，並予以寄回印
製，此表乃半年來工廠就新廠完成後實地配置之狀態，
逐項加以調查與帳面核對後編製而成，其內容雖尚未能
與尚未報銷之減損情況相符合，然已形成一項良好之
基礎，緣本公司舊廠係位於台灣塑膠公司之一角，若干

場合均難劃分，自去年遷建完成，即為一最好之盤點機
會，而進行遲緩，直至今春始克完成，且逐一編號，其
事看來甚簡，實際則甚繁也。

8月12日　星期五　晴

職務

　　七月份報表今日編製完成，余乃草擬一項 cover
letter，申述全月業務情況，今次各種數字仍然超出預
算，尤其純益達一倍以上，此固因銷貨加多，亦因去年
預算本月利息支出較每月高出甚多，而實際上反比平時
為低也，至於銷貨方面則福美林雖已減價，而因市面需
要增加，故價雖稍弱而可以多銷彌補而有餘也。自本月
份起營業月報表與固定資產表每月一同編送，後者已半
年未送矣。

8月13日　星期六　晴

職務

　　電木粉與聚苯乙烯申請五年免稅案，其中建設廳證
明部分尚須中文本製造配置圖，今晨辦妥，適建廳鍾君
來，面交帶去。

交際

　　中午，建廳鍾明源君來，謂此次北來任務之一為本
公司五年免稅調查，其實只係一種憑藉，經送旅費二千
元，並約午餐於淺草日本料理館，盤桓一下午，臨別並
提出付旅社帳單要求，余允俟星期一通電話，為派人前
往料理云。

8月14日　星期日　晴
慶弔

　　上午到市立殯儀館致祭任故代表小英之喪，在該館大廳，此為代表同仁使用其大廳之第一人。

交際

　　同鄉趙公魯兄嫁女於第一大飯店，余於晚間到該飯店參加喜筵，席次遇張志安師母，面談其競選憲政會教育組招集人事，不因余之不能投票而使票數降低，大致當選無問題云。

8月15日　星期一　雨
職務

　　本公司今年增資後迄今三個月有餘，而增資變更登記尚未送出，本案由董事會秘書吳幼梅辦理，彼已出國，繼其事者亦無專人，而公司法又已修正公布，以前已修正完畢之公司章程又不合用，代理會計師重擬新條文又待核定，而公司當局又急於星火，可見辦事配合之重要與注意時效之不可忽也。

交際

　　晚，同貝君招待建設廳鍾君於日本料理店，此君酗酒，至餐廳休息時間猶不肯行，且約會從不守時，真為之窮於應付也。

8月16日　星期二　雨
職務

　　編製本月薪俸表，人事甚少變遷，然有時有特殊問

題，其一為原獨身之所得稅起扣點為九百元，但於月
內結婚，則當月份應採舊起扣點抑改用新起扣點 1800
元，余採納稅人負擔較輕之選擇，自成婚之月份起即行
改用，二為有一董事因不願以公務員身分繼續出面，乃
改用其子之名，但並無過戶或其他紀錄，事實上其子承
襲其董事，然於法終嫌無據也，又其子如無配偶即發生
起扣額問題，因所支車馬費為一千元，原起扣額為九百
元也。

8月17日　星期三　陰雨

職務

本公司有一極大弱點即業務部分極其散漫，且啟人
以利用之機，尤其一部分聚苯乙烯加工品委商代製，並
付款代刻模板，結果模板折舊時間甚短，折滿後帳面已
無，而延不交回，製品則逕送客戶，手續不清，結果對
帳不易，即自認吃虧，而辦事人又不聽勸告，會計方面
又無可為助，殊令人不解。

聽講

中央研究院舉行之海外學人第五次演講，今日由顧
應昌擔任，題為「歧路中之國際經濟」，為時甚短，僅
講概要。

師友

趙榮瑞來訪，託為一商校學生梁肇岑介紹到台灣銀
行投考。

8月18日　星期四　陰
職務

編製八月份薪津表，因年來較為熟悉，故極順利的得到各欄之平衡，隨即準備支票及所得稅報繳書等項。

交際

趙廷箴總經理之母今日為週年忌辰，在新店竹林精舍作法事超渡，經與各同仁前往致祭。

師友

晚，同德芳到溫州街訪台大許東明教授，託為紹寧轉洽農學院轉系入農業化學系事，並面交一年級成績單，因平均八十分，據云不致有困難。

8月19日　星期五　陰
職務

Mobil 遠東代表 Kinsella 由東京來台，談及上月份送報表之信函曾提及福美林七月份減價百分之十事，表示關切，余解釋此為兩種定價之平均，但若加權計之，不過百分之五，此老甚精細，故行文不可不慎也。

師友

晚，同德方到中和信義街十七巷五弄十號訪一女中教師黎澤霖氏，託為紹因申請由乙組轉入丙組，附二年級成績單，黎氏表示成績甚合，將與教務主任先行研究云。

8月20日　星期六　雨

職務

凡事作始也難，作始不周而中道補救更難，即如本公司之資本支出處理程序，去年新工程為數甚大，均有紐約核准之 AFE 作準繩，然帳式未立，只每月以蒐集資料之方式應付報表之需要，且其中亦不知有所謂 local AFE 之事，因而本地之支出即不列表報，結果年終表與帳無從相符，今年年初有此準備，然因紐約無指示，設法各處參考，直至年中始確定 local AFE 之方式，於是補行處理半年已成事實之支出，七月份報表方始送出，現在發現當時只有固定資產帳支出數為之尚不足需要，另有預付與在途等科目亦有之，將於八月份再圖補苴云。

8月21日　星期日

娛樂

下午看小大鵬公演，郭小莊馬上緣，尚平妥，嚴蘭靜斷橋會，唱腔圓潤，掌聲如雷，張富椿金錢豹武行火熾，均佳劇也。

8月22日　星期一　晴

職務

今年開始實行資本支出預算控制，經一再修改之工廠預算，仍然未能盡如人意，尤其在工廠編列之時，上半年係照事實已發生數列入，而工廠所記帳目不全，與總帳不能相符，再因粗心遺漏，以致下半年列數有已經

動支而認為未用，乃發生實際與預算不夠之問題，尤其聚苯乙烯加工品用模，已買者散見設備帳，在途料帳及預付購料款帳，然一一分析，難知確數，余乃於今日逐一加以分析，合計至七月底已支用八十七萬元，而全年預算只列 79 萬，即立即停支，已經超過，而況預算所列下半年數且超出應有數甚遠乎！經即通知工廠會計課早作補救方策云。

8 月 23 日　星期二　晴
職務

自工廠編定本年資本支出預算且補填 AFE 後，由於此預算已含有半年之已成事實，而已支各款並無 AFE 號碼之註明，故曾主工廠將此項已支各筆之 AFE 號數一一加以註明列表備查及登記，但遲遲未辦，余知其困難在所記明細帳不完備，余今日曾試就總分類帳及傳票與序時帳簿資料，就其性質逐筆認定應屬何 AFE，結果大體均能辨認，尚有十之一二未能，疑其為漏列預算與 AFE 也。在核帳時發現有久懸之預付款，後再查始發現為付帳時誤入其他科目，故懸記帳項不能不時時審核也。

8 月 24 日　星期三　晴
職務

本公司生產聚苯乙烯加工品以來，其中部分係委商代做，由業務處主管，但該處對外手續混亂，以致取料交貨以及銷售由委商處提貨手續皆模糊不清，往往以片

段資料轉至本處記帳，今日有原料染色支出，即為數量
不清，既非領去之總量，亦非售出之局部量，經囑其退
回查清再議，又有銷貨數量與發票不符者，將來發生稅
捐處查帳問題，更不可收拾，故決不受理。

8月25日　星期四　晴
職務

公司與工廠間移送款項，除工廠所收客戶貨款，均
附有編號之明細表，其號數必須銜接可以控制外，其餘
凡雙方所送支票大體上皆用簡便公函，該函之號碼並不
專為一事編列，故不能控制，而簡便公函有時漏未答
復，即成漏洞，萬一途中失誤，雙方不知，故通知工廠
今後雙方對於此等款必須用函，該函三天不復即須查
詢，俟復然後歸卷，如此當免有誤云。

8月26日　星期五　晴
職務

與趙總經理及程寶嘉會計師研究新公司法公布後對
於本公司之有關事項，余認為並無關係，因本公司只股
東十人，且股票不上市，自無關係，趙氏認為因新法規
定股東表決權在總額百分之三以上部分應以章程加以限
制，則 Mobil 之 51% 股份的表決數，即與前不同，余
認為此點乃理論上之問題，本公司舉行股東大會或曾正
式表決，但此次辦理公司登記，一再拖延，影響所及，
章程須照新法重訂，僅由會計師代擬，又不能不經股東
會，而股東會未召開前即須早日送出，此乃一不能不注

意之問題也。

8月27日　星期六　晴

職務

　　本公司股份情形簡單，新公司法公布後余只略加涉獵，並就報紙所刊之修正要點加以檢討，大體認為與本公司關係甚微，自昨日起趙總經理謂仍有關係，雖只就字面而論，然終不可忽視，故今日將全部條文研閱一過，並就細微之事故亦加以注意，發現若干手續上之事項亦與前不同，經一一加以畫線備查。連日各銀行競來吸收存款，合作金庫有往來者懼其移轉，華南銀行無往來者，希望往來，並謂不久合庫之利息終須取消，彼時就近往來較便云。

聽講

　　下午到歷史博物館聽勞榦氏講敦煌美術，並再度參觀吳昌碩、齊白石作品展覽，今日特別觀賞二氏之篆刻，齊氏狂放而吳氏蘊藉。

8月28日　星期日　晴

閱讀

　　擇讀 Samuelson 之經濟學，今日讀其演述 Keynes 之就業理論，明白曉暢，可見其融會貫通之一斑，其中有一段論消費與投資，對習俗之消費可刺激生產與消費妨礙儲蓄與資本形成二觀念之矛盾與混淆，提出澄清見解，認為在充分就業狀態下不應再鼓勵消費，在未充分就業狀態下，消費不致妨礙資本形成，可謂一針見血，

惜為附帶說明，語焉不詳耳。

8月29日　星期一　晴陣雨
師友

　　廖國庥兄以電話商洽其與徐自昌、呂之渭兩兄合譯 Finney: *Principles of Accounting* 中冊錯誤太多之善後問題，緣該書三人合譯，為爭出版時間，並未嚴格交換校閱，迨出版後細看，徐兄部分錯誤與脫漏所在多有，無論對原本識與不識，皆有不能卒讀之感，為免受責難，並對買書人負責起見，擬即從事補救，將有錯之書頁重改重排，其中無錯者即用影印，抽換重訂，並對於已售者登報聲明可以調換，余對彼等此種謹嚴態度表示贊成。

8月30日　星期二　晴陣雨
職務

　　公司傳票分兩部分，逐日合併，按月合訂，一部分為公司本身，由製票複核及余與副總經理及總經理簽蓋，另一部分為工廠，由製票會計課長及廠長簽蓋，余到公司之初本擬對後者亦加蓋，後思完全為形式，且無空白處可以加章，故未果，至公司本身部分則前任常有收入傳票漏蓋之事，故余規定每天日計表送核時須附當日收支傳票，以便核對補章，故不致遺漏，今日發現三月間轉帳傳票有一全部無章者，其中憑證且不完備，乃規定以後無完備簽章之傳票由記帳人員注意不得先行記帳。公司掛欠款項日久無人過問，上次會報提出討論，

今日將去年結轉以及上半年延不報銷之款，開單分別通知工廠及業務處。

8月31日　星期三　晴

職務

上週趙總經理提出為節省利息支出，可洽台灣銀行申請外銷貸款，余因去年無實績，條件不甚適合，未積極進行，今年雖有出口，然為數甚微，亦無濟於事，據辦外匯之高君云，夾板間接外匯縱有實績撥歸本公司，仍不能作為外銷貸款之憑藉，故此事進行尚有困難。

家事

紹彭考取員林實驗中學，明日開學註冊，今日下午一時半乘火車南下，余與德芳往車站送行，雖為快車而不對號，此間為起點站，然已人多於位，秩序極其紊亂，此地火車僅在觀光號與對號兩種車上下功夫，其他則甚少進步也。

9月1日　星期四　晴

職務

撰寫八月份業務會報資料，備提本月五日之會報，本月資料不同之點為財務事項較少，而會計整理事項加多，尤其有關工廠之 Capital Expenditure 者為然，緣工廠本身對此事亦甚注意，惜記帳不完備，所提不甚確實，予人以錯覺耳。

交際

土地銀行舉行二十週年紀念酒會，應邀參加，道賀即返，有紀念冊及紀念玻璃杯等。

9月2日　星期五　晴颱風晚掠過

職務

稅捐處黃、林二君來核對帳目，以便複查本公司申請綜合所得稅緩扣案，已將今年還債數字抄去，據云該處對此案完全將以去年盈餘有無還債以為斷，余告以在會計上以何項資產負債互相移用抵充，均為武斷之事，但獎勵投資條例如必強人以武斷，則今年本公司還債實係用去年盈餘，蓋所提擴充設備計劃尚未動用也。

家事

德芳赴員林照料紹彭入學事，余決定隨時將所應告知事項用文字向其表示，以加鼓勵，今日第一信談立志，凡千餘字，皆從淺近處取譬，由芳帶往。

9月3日　星期六　晴陣雨
職務
台灣省合作金庫中山路支庫黃經理來談，因奉令嚴禁甲種活期存款計息，故自本月份起不再計過去之五釐利息，余要求其在甲存內附辦透支，庶幾可多一便利也。
娛樂
到中山堂看電影，片為 Galant Musketeers，法國出鬥劍片，五彩，英文譯白，中文字幕，譯名劍山風雲，娛樂價值極高。

9月4日　星期日　晴
家事
德芳上星期五赴員林為紹彭安排上學與居住，據今日下午提前北返云，租屋十分順利且理想，房東亦熱情協助，地近學校且可回寓用飯，一切問題解決，故提前北旋云。
娛樂
下午到國軍文藝中心看小大鵬平劇公演，為朱繼屏演棒打薄情郎，表情蹻工與唱腔俱佳，只末段說白不夠抑揚有力之致，又首齣為青石山，其代打出手，完全為練習性質，故失手數次也。

9月5日　星期一　颱風挾雨
職務
上午，稅捐處黃閩與另一同事廖聰明君來談本公司

緩扣股東綜合所得稅事，黃君謂數度調查彼本已明晰本
公司立場，並認為本公司論斷可取，主張接受，但其課
長完全不明會計，故又提出題目，完全以盈餘為現金，
要求在帳面上取得證明，因知余對此案研究精湛，在若
干件複查案中最為突出，故約其課內會計最精之廖君會
晤討論，並對余之公文備致讚揚，余允以文字再作補充
說明，以視能否使會計門外漢亦能以通俗文字請其了
解，今日空氣極融洽，二人甚值得器重，乃所遇稅務人
員中之出類拔萃者也。下午舉行業務會報，報告事項並
加口頭補充。

9月6日　星期二　雨颱風
職務

　　與高雄廠會計課朱課長討論工廠盤存損益，成本計
算，原料與成品之劃分，資本支出之控制，因有若干資
料，余曾寫信相告，而朱君掉以輕心，致討論時特別費
時，余自爾前患鼻疾後，說話比前更為吃力，故談二、
三小時即有力竭聲嘶之苦，所幸預定今日下午舉行之小
組會議討論原料成品之存發手續，因颱風寇拉過境，
提早下班而延期舉行，省卻不少之力氣。下午因風雨
太大，提早下班，回家時係提早由紹寧女在巷口以鞋
傘相接。

9月7日　星期三　晴
職務

　　關於公司之會計習慣漸漸感覺有須加以改進之處，

例如工廠每天送現金日報表，列舉傳票號數，按號次一一具備，但適有轉帳傳票，則只附後而不列入，又支出傳票有時單據後補，亦不註明，有遺失時雙方不知，經改為一一加註，又如有關工廠所記明細帳，須憑公司傳票有關副本記帳，因不連續，萬一漏製副本，非待月終對帳，不能發現，尚無十分妥善之方法也。

9月8日　星期四　晴
職務

下午舉行會計業務與工廠聯席會議，討論若干與成品原料盤存發生影響形成差額之因素，大部分由於退貨退料及送出樣品贈品之是否每月或隨時有適當紀錄，另一部分原因其成品在總公司保存者因無倉庫關係，本公司管貨人員須與代管方面建立嚴密手續，此事正在清理中。接洽交通銀行與中華開發公司請代出證明送稅捐處，證明所借長期貸款之使用歸還情形，作為緩扣股東綜合所得稅之依據。

9月9日　星期五　晴陣雨
職務

整理八月份資本支出之內容，記入 AFE Disbursement Register，以結出八月底之累計數，填製八月份月報表，此次原以為可較上月份為簡單，但因涉及數個科目，仍難免於分析工作，蓋七月份製表未將暫記性之付款加入，乃於本月份補記，又既已將暫記科目計入，其由暫記科目轉入正式科目者即須避免重複予以消除，亦賴逐

筆分析始得確實也。

慶弔

上午，到徐州路李公藩夫人家弔唁李兄之喪，係昨晨因食道癌去世。

9月10日　星期六　晴

職務

緩扣股東綜合所得稅案之複查程序正在進行，因稅捐處人員急於蒐集資料，來電話限下星期一交卷，余乃於今日上午撰寫補充說明一件，約一千餘字，要點再以資產負債表證明還債後之負債減少情形與擴充設備後資產增加之情形，與該處明知不合理而必須說明之還債前後現金支用情形，此一說明較原申請複查文不同之處為將所欠債務範圍擴大，而將時間縮短，算來開發公司交通銀行機器貸款與高雄港務局之分期付款土地等項得由54年盈餘償還者，在五百萬以上，而緩扣所得稅之計算基礎只450萬耳。

9月11日　星期日　晴

瑣記

上午，全家整理壁櫥，將重要衣物移置西間，因該間能鎖之故，將來德芳赴員林，日間家內由女工看門，將臥室兩間上鎖，留起居室及餐廳、廚房供其活動，故此兩間之物件須減少也。

師友

下午，王培五女士率其幼子張彤、幼女張鑫來訪，

談張鑫請求以醫學院四年級出國事未荷教育部核准。

慶弔

　　晚，同德芳到市立殯儀館參加李公藩兄之大殮禮。

9 月 12 日　星期一　陰雨

職務

　　到稅捐處訪黃、廖二君，面交緩扣股東綜合所得稅案申請複查之補充說明一件，並口頭解釋，因其中有談及 54 年九、十兩月曾以當年度盈餘還債，故提及當年八月底之盈餘，徇其要求於上午補送當月之損益表一份，其後又有電話多次解釋，可見二人實事求是之態度，故雖繁瑣而不使人生厭也。

慶弔

　　上午李公藩兄出殯，余與德芳到殯儀館弔祭，德芳並送殯至墓地。

9 月 13 日　星期二　大雨

職務

　　八月份報表已編成，余今日作簡單分析，寫信向紐約寄送，信已打好，又發現所計各項百分比有誤，蓋銷貨未加加工收入，各項產品產量分析，則本應以預算數為百分之百者，竟有誤以實際數為百分之百者，皆為忙中之錯，趕工往往如此，而信內應敘述為八月份竟誤為七月份，打字人員亦未發覺，未見細心也。

集會

　　晚到經濟部參加經濟座談會，由前商業司長李潮年

報告新公司法之特點，實際彼並未將重要者指出，僅就公布後各方不良反應加以解答，尤其第十四條，報告不甚有系統。

9月14日　星期三　雨
瑣記

凡事豫則立，乃千古不磨之論，本公司今日應支付華僑銀行四十四萬元，事先早已開給遠期銀行擔當付款之本票，但日期不符，今日到期而票上更遲數日，故須另開當日支票，余因今日時間倉促，乃於昨日囑辦事人員開就，但荏苒不果，今日果然葛副總經理因大雨寓所為水所困，不能來公司蓋章，以致支票不能開出，此雖百年不遇，然天下事往往無巧不成書矣，無法中之辦法乃要求付款行對印鑑不全之支票勿予退票，俟交換後通知本公司補蓋，然已多出若干枝節矣。

9月15日　星期四　陰雨
職務

Mobil 東京代表 Kinsella 來台詢上月業務，去年報廢機器記帳及限期完成預算等問題，因上月盈餘數字而發現所去之分析函於改正各項百分之錯誤外，尚有未改正者，緣下半年 Sales 經紐約改為每月增加七千美元左右，而毛利、淨利皆有改動，余在作比較時誤用未改前之表，而於 Sales 及 Cost of Sales 則用改後數字，顯然粗心，雖今日 Kinsella 談話後余始發現，已不及聲明，然終屬無以自解也。上午舉行會報，交換工務業務意見，

余提出限於 24 日前完成單位預算。

9 月 16 日　星期五　陰雨
職務

　　工廠進口原料關稅因評價關係，以繳款押稅提貨方式為之，往往加倍，日來採購部分告余，進口 Methanol 須備款 50 萬，今晨突接工廠請款函，索 105 萬，余本為省息而多方調度，希望本週不必借款，於是又只好倉皇借款，而應由工廠往收之帳款，則又諉為公司之事，懸而不收，現在應收帳款始終日漸增加，乃覺頭寸之緊俏日甚一日也。

9 月 17 日　星期六　陰雨
職務

　　因工廠進口 Methanol 報繳關稅需用款 105 萬元，今晨以客戶本票四張到花旗銀行貼現一百一十餘萬元，該行因競爭業務，對好客戶十分歡迎，故手續甚快，一小時即妥，立即送存款行（該行無存款）提出交換，事先並開好存款行支票於同時由另一同仁到第三家銀行交匯，故借款、存款、匯款、用款均可於今日上午完成，此中涉及銀行台北三家、高雄一家，高雄行例為收到電話即行通知。
師友

　　下午，到羅斯福路三段訪張中寧兄夫婦，德芳偕往，張兄因師大杜校長辭職，連帶的辭去訓導長職務，將只任教職。

9月18日　星期日　晴

交際

　　經合會前同事胡家爵兄之公子繼雄與陳梅琳女士結婚，到統一飯店赴喜宴，由陶聲洋君證婚。

娛樂

　　下午同德芳到國光看小大鵬平劇公演，由張素貞演孔雀東南飛，首段織卷大段，字正腔圓，工力甚足，韻味亦佳，自二六以後即慢慢鬆懈，致有頭重腳輕之病，小生高蕙蘭則前後如一，大軸金雁橋，搭配尚佳。

9月19日　星期一　晴陣雨

職務

　　準備明日發薪之薪俸表，並撥發高雄廠發薪用款。由於星期六工廠請款太多，當時必須借款，實際當時如減少一、二十萬元即可自行籌付，故今日已有頭寸甚寬之象，加以工廠又謂當日請款 105 萬，事實只用九十萬，正合當時之情況，然而半月之利息約五千元左右成為虛擲矣。

家事

　　上午，德芳赴員林，到車站送行，並帶去致紹彭第二信，此信主題為談自知，勉勵其由自知而自強，百尺竿頭，更進一步。

9月20日　星期二　晴陣雨

職務

　　本公司福美林產量已入旺季，機器性能本為每天

三十公噸，現在每月達一千公噸，此中有一甚微妙之問
題，即福美林三十噸設備尚在免稅期間，從前曾有十噸
設備已經報廢，且免稅期間亦過，現在之生產情況易於
引起稅捐機關之懷疑，所幸過去數月均不足產量，累計
尚不超過每天三十噸，而事實上所得稅亦為每年一次，
故大體上不致有何問題，但亦有謂須按月產量計算者，
不知何據云。

9 月 21 日　星期三　雨
職務

　　本公司一年來制度化之努力甚有成果，例如應收帳
款客戶對帳單一事，最初若干人員均以對客戶不便為由
表示反對，余亦以其與一般商情不合，不表示完全贊
同，迨紐約查帳人員來此後再度強調，決定今年初執
行，迄今八閱月，一般言之，甚屬良好，客戶方面因不
需其必須回信，亦無甚大不便，而特種客戶之帳目不清
者，既已默認對帳單，事後又欲片面改變其數字，亦無
可能，故結果且有消彌紛擾之作用焉。

9 月 22 日　星期四　雨
職務

　　紐約所定明年之 Profit Plan and Capital Budget 格式
有一顯著之異點，即將 Cost of Sales 分為 Variable 與
Non-variable 二部分，余以為其乃係一種之 Direct
costing，但參考數種書刊，又似不同，其一，二部分皆
從 Sales 減除，而得 Gross margin，不同於只減 Variable

部分而得 Marginal income 或 Marginal contribution，
其二，Selling expenses 不加入成本，換言之，即其 Variable
部分亦仍然作為銷貨費用也，其三，對於 Inventory 並
無不同之影響，因成本因素與前同也。

9月23日　星期五　晴
職務

上午到機場歡迎馬副總經理度假滿期回台，下
午據告赴美曾向 Mobil 辭職未准，故夏間所談接任
Winchester 一事已作罷矣，又據總務處林天明經理云，
渠離台前以接任總經理為目的，其事所以不成，乃
Mobil 不予支持所致，其作法甚勉強，林君不以為然。
出納王昱子君請假二天，事先本謂交孔君代理，余並囑
其將現金與銀箱一併點交，行後始知只交部分現金，銀
箱以及送存代收簿則均未交，此等事在出納人員常常引
起疑竇，尤其在不常盤點庫存情形下為然，余本有意藉
此無形查庫，不知渠是否有意規避也。

9月24日　星期六　晴
參觀

下午到故宮博物院參觀，此為第三次，書畫為各家
所畫鞍馬，又有長卷數幀，皆清代院本色彩鮮明之作，
四耳房內之銅、瓷、玉器、書版、文獻等似未全更動，
但亦有前所未見者，如奇石塊肉，維妙維肖，三樓為各
代銅鏡，無慮數百，現在參觀時，有播音解說，為比前
完備之處，此次展品最缺者為書法，不過明清數人點綴

其間，且乏精品。

9 月 25 日　星期日　晴
瑣記

今日例假，因德芳赴員林，遂與紹寧、紹因兩女與使女秋金籌辦飲食，余攜秋金到肆買菜，以足三、四日之需為度，歸則共做水餃，凡百隻有餘，竟足一天兩餐之需。電視購置適兩月，略有故障，經報修後正常，此物味同雞肋，最適於無可奈何必須消磨時間之人，如吾家之率皆有課待修與有書待讀與文債未償者，則浪費時間之大敵也。

9 月 26 日　星期一　晴
職務

本公司進口大宗原料有 Usance credit 與 D/A 兩種方式，均透過銀行，前者付給自裝貨至付款日之利息，後者承兌照票面，不付利息，事實上等於含於貨價之中，目前會計處理，前者利息作為財務費用，不含成本之內，但以其總額作為應付票據，後者以全額作成本，貸方為應付帳款，余今日細思，有二問題，一為利息在 D/A 內應除外不作成本，但金額不易確定，二為 D/A 在承兌後等於應付票據，不應作應付帳款，但過去為便於區別，均在兩科目內，容有機會時當為改善之圖也。

9月27日　星期二　晴

職務

上午舉行簡報，由各單位向馬副總經理報告其休假二個半月以來之工作概況，余擇要報告八項，並強調下月支付現金將達八百萬元，應早為之謀。審查上月底之各明細帳餘額，發現若干不正常之餘額，其一為紅字示相反方面之餘額，詢其來歷知為傳票分錄未將子目寫明，以致記帳人員查不到帳戶，即臨時另立一戶，本應沖帳者，不得其門，乃成相反之餘額，其二為奇特之性質不合之戶名，此則由於戶名不錯而分錄科目有誤，以致登入他帳，皆由製票不慎所致。

家事

晚，到姑丈家探望，並贈食品、水果，表甥方舟、方聞皆尚無赴美確期。

9月28日　星期三　晴

譯作

續譯低度經濟開發國家農業信用論第三章，農業信用之供給問題，第二段農業資金之來源，第三段勞力之於資本形成，凡四千餘字，此部分偏重敘述，理論不多，然因有時行文甚簡，意思較難捉摸，如謂以其Profit plowed back，余初以為係用於彌補往年虧損，後見他處再用，知為轉作投資之意。

師友

晚，阮南生小姐來訪，贈水果，據談今夏畢業後本擬謀輕鬆工作，便於準備功課，但皆無成，故目前任何

工作皆所願就云。

9月29日　星期四　晴
職務

今日為中秋節，下午二時起放假，與工廠會計人員顧嗣惠君談其所主管之固定資產與最近舉行之盤存問題，彼以為工廠管理方面尚不夠嚴密，余亦同感，但凡事未可一蹴而幾，本公司在二年前等於一作坊，職員六、七人，凡事無手續，甚至片言可以定一大事，以後無紀錄可考，即如尿素盤存虧短 36 噸，去年底華成服務社查帳點出只短 19 噸，現在則謂該項盤存有 17 噸未被發現虧短，其中部分謂係前工廠主任製福美林失敗虧短，事在數年前，亦無紀錄可考，此等事對今日猶為難題，可見欲求一旦走上軌道，其困難為何如也。

9月30日　星期五　晴
職務

寫作九月份工作報告，將提下星期之會報，此一個月來無何特別重要之事，故僅例行而已，有一較重要之事即審計明年預算，因被工程業務兩部門所誤，預定月底完成而未有著手。到花旗銀行接洽外銷貸款，已有成議，定額二百萬元，期間六個月，利息年 7.5%，待該行提出核定後即可於下星期辦理。

師友

台灣大學許東明教授電話謂紹寧轉系農化土壤肥料組已核准，此次申請者五、六十人，轉入六人，又農化農產

製造組亦轉入十人云。

集會

　　上午參加小組會議，同仁報告黃豆案三立委、三監
委被押經過極詳。

10 月 1 日　星期六　晴
職務

明年度預算預定昨日完成，但業務處資料送來甚遲，誤延一週，東京方面甚為不懌，馬副總經理亦由高雄以電話相責，此等事真所謂巧婦難為無米之炊。

師友

晚，朱興良兄來訪，贈台中製台式月餅十二個，並閒談，最近六名立監委被扣押案內有政大同學二人，相與唱嘆。

10 月 2 日　星期日　晴
譯作

續譯低度經濟開發國家農業信用論第三篇農業信用之供給問題，此篇已完成，稿紙 23 頁，約一萬三千五百字。

慶弔

崔唯吾先生明日為 69 歲生日，前日到明星定 16 吋蛋糕下午送往，知昨日與夫人赴紐約矣。

家事

下午，七弟瑤祥來閒談。

師友

上午，李德民君來談年底可改就紗廠事。

10 月 3 日　星期一　晴
職務

紐約通知第三季財務報表應注意事項，因其每季均

有或多或少之不同，故須仔細研閱，亦因其中並涉及其他特殊之盈虧撥補問題，紐約方面曾有歧見而來函表示將當面討論者，不能不事先早作準備，以免屆時不易喚起回憶，研閱時果已有若干要點忘卻者，記憶之不可靠如此。

家事

紹彭寄來英文課本與文法作業，前者二課，後者四項，皆大有進步，但文法方面方始入門，似乎尚不甚熟。

10月4日　星期二　晴

職務

因不久開始接受查帳，故於暫記性款項加以再度檢查，仍由餘額之不動與戶名之特殊而發覺若干問題，其一為一種性質之應收款而有二科目，但戶名則相同者，於是部分被清理，而部分則久懸，其二為本已認為不能收回者，但無意中予以延宕，經過數月，依然未能收回，舊事重提，仍須自行解決，如此情形非以劍及履及之方式出之不可，故囑孔君立即對此等帳項作一沖轉，在摘要詳細說明。

10月5日　星期三　晴

職務

由周煥廷君經辦之明年度預算已於今日編成，余於下午審閱，發現不妥之處，（1）所得稅係按月估計，比實際需要為低，但更改則太費時間，故因仍原例，加一

註腳，說明假定何者免稅，所幸營業稅估高，兩相彌補，（2）流動負債估低，固定負債估高，與實情相距太遠，但如全改又多牽動，決定用同數分別加減，保持負債總額不動，蓋總額與實際相去較近也，（3）產品別之盈餘，新產品甚低，電木粉甚至無盈餘，對於本公司擴充生產之打擊非輕。

交際

　　晚，外資公司會計人員聚餐，此為夏季後第一次，到者甚踴躍。

10 月 6 日　星期四　晴

職務

　　1967 年 Profit Plan 打成後，即備函於今日下午將發，馬副總經理由高雄歸，認為所列盈餘數太低，至少應高於去年，乃以人為方法加入三萬美金，然又涉及銷貨與成本等科目，將全部表格重製，非時間所許，再三分析，最後始決定表格不改，只在函內加敘此項意見，謂去年有四萬二千為虛列，而今年尚有三萬則未列，如此始得去年降低而今年提高。

10 月 7 日　星期五　晴

職務

　　下午舉行本月份會報，余於書面報告外，並提出補充，如 Profit Plan，本月份現金需要，對帳與客戶之聯繫問題，及 Polystyrene 五年免所得稅申請，現階段已在經濟部審核製造程序問題中，其所規定以苯與乙烯單體

製造者為限是否可適用於本公司，恐須有相當之活動工作，但反應似不甚強烈，故未深談。建設廳鍾明源在遇有工商業申請案件時，必多次要索，雖為數不多，然甚令人厭煩，今日又要求一千五百元，商之馬副總經理，堅執不肯，然余衡量其情況，不宜因小失大，故在電話中允本人墊付，其後取去，將成懸案，一面由與鍾較熟之貝君以私人身分加以規勸，請後勿爾。

10月8日　星期六　晴

職務

昨日建廳人員借去 1,500 元事，余本不擬再與馬副總經理研究，逕行列帳，或自行籌還，其後出納王君仍循例製傳票且開出支票，須馬君簽字，余思仍以當面說清為宜，乃往與再度說明，謂余本答應鍾某自墊，故不能不付，現在事實已成，余本擬自墊，但如此實非負氣，故決定仍請列帳，希望其能還，馬君已肯，但仍認為不必對此等人過份顧忌，況既已由貝君向其說明，此後當無問題云。

交際

晚，到悅賓樓參加喬修梁兄之子結婚喜筵，並送禮二百元。

10月9日　星期日　晴

娛樂

下午同紹寧到豪華看電影，歐得利赫本與彼得奧圖合演偷龍轉鳳（How to Steal a Million），情節緊張風

趣，別具一格，為一上乘喜劇，其中對於好古者之諷
刺，亦極鞭辟入裡。

瑣記

　　每星期赴菜場一次，週日再由紹寧往一次，即可足
用一週，余今日買肉缺秤二兩半，上次則缺至四兩，均
交涉找回，魚則因已當場去鱗去臟，諒當時亦未必足
秤，今日市場風氣敗壞，前所未有。

10 月 10 日　星期一　晴

國慶

　　休假一天，上午有國軍運動會表演電視，甚為精采。

師友

　　張中寧兄來訪，談友人在黃豆案坐牢者，均以為值
得惋惜。吳挹峯先生八十壽將屆，校友會通知簽名印入
畫冊，今晨簽好寄往。

交際

　　晚，參加以前同事萬家保之婚禮，萬君身短，新娘
著平底鞋，引為談助。

參觀

　　到歷史博物館看八儔畫展，傅狷夫山水最佳。又席
德進水彩展，頗標榜。

10 月 11 日　星期二　晴

職務

　　下午舉行小型業務會報，主要為電木粉工廠故障，
如何重新編排出口與內銷之發貨進度，余亦提出一項問

題，即業務處委託加工在委託之時條例不明，直至已經
銷售，非算成本不可，而工料等資料全缺，又所謂銷
售，亦只將發票開發，對方未必即係已購，不久又須按
實數退貨，如此層層虛數，無法記帳，現在既已決定由
工廠接辦，則過去已發生者，希望工廠將發出加工之原
料開出，以與業務處核對，並根據判斷，將工資費用亦
早作了結。

10月12日　星期三　晴
職務

上午到花旗銀行接洽借款，決定於星期六以 Letter
of credit 押借外銷貸款二百萬元，總借款不超過五百萬
元，此一借款本擬延至二十八日，但因預定十一日收到
之亞洲合板貨款一百萬至今未到，而十六日必須付款，
只好另作打算矣。因營業部分之已售貨物係委託加工，
而所用工料不明，致因一張傳票不齊等候上月底結帳延
誤一天，結果仍只有依照估計算法製帳，然該一數目非
加工方面所知，將來又種脫節之根源，凡事之不能配
合，常招致如此後果。

10月13日　星期四　晴
職務

人謂人之理解力隨年齡而增，然余頗以為有時衰退
情形亦甚可觀，今日余忽欲觀察本年盈餘六百萬如再加
折舊二百二十萬，則現金應多八百餘萬，何以借款不
減，而頭寸仍緊，乃試作 cash flow，以觀其用於何處，

經將八個月來資產負債增減情形分析，然終不能平，苦
思半日，最後始悟及折舊數亦應倒加入固定資產內，
再查 Finney 書內所討論，果然如此，事後深覺如此遲
鈍，毋寧並初學者亦不如乎？

10 月 14 日　星期五　晴
職務

本月份之月報表原須於昨日送出，但因中間等候業
務處資料半天，故延至今日始行送出，而余所擬之解釋
內容函稿本係昨日擬就者，亦直至今日始行打出，又數
日前所作之 Profit Plan，附表部分文字繁多，往年亦為
一次寄出，今年因延誤一星期，故先寄正表，並函告附
表另寄，不料因此被二打字小姐拖延一週，今日始成其
半，且爭執責任，互相推諉，另一半尚不知何日打成，
此種風氣之形成，真非好現象也。

10 月 15 日　星期六　雨
職務

上午，同洪有統君到花旗銀行辦理外銷貸款，其方
式雖甚簡單，然不盡合理，此種外銷貸款在本公司為初
次，係就已接之 Letter of credit 交該行看後，就尚未裝
運之貨物限度內（一般七折，在本公司為十足），折放
新台幣，以後還款時，即為裝運後之押匯價款，每月計
息一次，在有還款時亦再計一次，押款手續為由本公司
填本票一紙交該行，而 L/C 亦由彼收存，還款時二者
均加以註記，實則此項 L/C 如無提單根本無用，該行

收存，徒增手續上將來每次使用之煩，況該行未開收
據，每次本公司辦理押匯（此 L/C 為六個月之 revolving
式），須另以借條調用，無異庸人自擾也。

10月16日　星期日　晴

譯作

　　續譯 *Agricultural Credit in Economically Underdeveloped
Countries* 第四章，已完成四分之一，約三千字。

師友

　　晚，蘇景泉兄來訪，閒談，蘇君已數月未至，今日
仍為閒談一般政界動態，尤其最近因盜黃豆案而被法院
扣押之三數立監委，以及最近法院向立法院調卷，引起
立法院認為係法院干涉其院內言論一案，咸以為咬文嚼
字，徒增其醜，此等當局者應廣看內外反應與觀感，而
各自檢束也。

10月17日　星期一　晴

職務

　　編製本月份薪津表，因人數未動，僅有試用人員改
為正式，須扣退職公積金者，其他並無變動，故半日即
成，但其中常有拖延時間者為加班費之加入，此項加班
費須憑各部門主管人之核定通知單，而常常遲遲不送，
以致表已大部製成，只待少數數字始能總結。

體質

　　後頭右側忽有腫脹，手撫有核，且作微痛，仰頭時
亦略覺，不知是否年來午睡以頭靠木壁僅墊甚薄之一束

衛生紙，以致引起不舒適感。

10 月 18 日　星期二　晴
職務

　　本年第三季之財務報告已由周君擬就，其中有去年同季比較表一種，將兩年同期數字之有增減而在一萬元以上者，逐一說明其原因，由於有時不能直覺而知，須核對帳冊，並參考上季與去年同季之報表，乃發現引用去年同季之數字並不一致，詢之周君，知係完全根據其底稿，將不同科目合併，未參照去年送出之同季報表，余為免核表者發生疑問，囑其儘量求取一致。

10 月 19 日　星期三　晴
職務

　　馬副總經理約余與總務經理林君，商病假逾限之于培清君問題，依規定病假以十四天為限，但于君累計已至五十餘天，余曾詢林君如何，彼云可由年終獎金照扣，今日馬君又以此為詢，經將經過相告，彼囑林君為一書面之申請，其實于君對工作雖無意放棄，但已力有不逮，應留職停薪，以免妨礙工作，此事將留待年終再予決定矣。第三季報表於今日核復交打字，其中因須作兩年增減之解釋，落墨時煞費斟酌，其內容須不落俗套，而文字以一行為準，有時甚難表達也。

10月20日　星期四　晴

譯作

　　續譯 *Agricultural Credit in Economically Underdeveloped Countries* 第四章，已續成四分之三，全篇已成，連十六日之三千字共一萬一千字，此部分進行甚速，其原因有二，一為利用短暫時間，雖細小不遺，二為晨起早醒，即起床工作一至二小時。

職務

　　本公司進口原料有退回回扣者，本為外幣，即在外使用，但現有以一部分按台幣折退者，今晨與馬副總經理討論，如不收公帳，難免對方記入，雖公司另有用途可考，如正式收帳，又不能用結匯回扣名義，抵觸外匯規定，左右兩難，尚未決定。

10月21日　星期五　雨

職務

　　Sycip 查帳人員今日起開始查核本公司今年帳務，事先上月東京之遠東區 Mobil Chemical 代表 Kinsella 曾表示以前費用負擔太大，希望不必費去如許人力，余亦同感，蓋二、三人工作二、三月確有小題大作也，今次或可略為縮短，但彼等曾揚言以前查帳亦只抽查一月，可見尚有以為不足之意，不明其又將如何，又去年查帳人員任意取用資料，有時妨礙工作，且有暫時無處尋找之虞，此次余與其約定調取資料請登入一簿以備查考。

10 月 22 日　星期六　晴

職務

上午，函公司高雄廠朱慶衍課長，請確詢亞洲合板公司帳款之收到日期，如不能在 26 日前收到，即不能供廿八日付款之用，須另作籌劃，如能在該日收到，因其支票為高雄銀行付款，請不先寄來，徒多週折，可立即在高提出交換後，電匯台北應用，亞洲本為好戶，但數月來拖欠已久，難以預料也。

家事

下午五時到車站接德芳率紹彭回北度假，員林正椪柑上市之際，帶來數十斤備贈友人。

10 月 23 日　星期日　晴

師友

上午，同德芳到徐州路訪李公藩太太，李君新喪，德芳約其赴中部遊覽，因時間不甚適宜，尚無成議。又訪王慕堂夫婦，王兄久未晤面，閒談其交通銀行應付政治借款之甘苦，蓋如此次入獄之立監委員，平時對公營銀行固皆作威作福者也。又同訪張中寧夫婦，僅其夫人在寓，下午張太太回訪未遇，並贈肉鬆。今日訪友皆贈椪柑。

家事

下午同德芳到衡陽路為兩女購鞋及食品等，備贈寄美國。

10月24日　星期一　晴

職務

　　本公司董事長趙廷箴所營華夏塑膠公司向肥料公司
賒購電石，以本公司股票為抵，要求送本公司之資產負
債表與損益表，經與馬副總經理商洽，即以六月份送紐
約之英文報表複印者照送，但損益表全為美金額，且十
分詳細，乃由余另編簡表一份，改用台幣金額，且項目
簡化。

娛樂

　　國民大會舉行蔣總統祝壽晚會，余於晚間往觀，德
芳同往，由趙原演打櫻桃，田代表夫婦演文昭關，馮著
唐、李金棠演珠簾寨，均尚佳。

10月25日　星期二　晴

家事

　　為紹彭批閱其高中英文第一冊第四課課卷，見其對
於課文之理解力達百分九十九，最為理想，但於造句及
譯中文為英文尚不甚佳，因此等句皆為課文所有，可見
為其記誦尚欠功夫之故。

娛樂

　　下午，同德芳及七弟到日新看電影，「獅子與我」
（Born Free），雖為一文藝作品改編，通篇將獅子人格
化，若干觀點極足發人深省，如此影片，別具一格，清
新脫俗之至。

10 月 26 日　星期三　晴

職務

公司不合理事日多，例如清理欠款尚在進行，而新欠踵至，且更加多，馬、葛二副總經理前因馬借子女教育費而生齟齬，現則二人競借，今日馬又借 30 萬元繳進口汽車稅，葛以前為一臨時人員待遇，錙銖必較，馬則待人更苛，此等人皆責人嚴而律己寬，不顧人言嘖嘖也，同時現在收貨款益難，借債利息日重，均非佳象也。

家事

下午與德芳送紹彭先回員林，明日復課。

師友

喬修梁夫婦來訪，談及國民大會貸款建屋事，現在假定各地之長短。

10 月 27 日　星期四　晴

職務

前數日草擬九月底之 Cash Flow Statement，係獨出心裁，將流動資產與流動負債及固定資產與負債一爐而治，雖亦可以看出資金之來源與使用，然細閱仍覺條理不清，今日乃重新安排，採 Finney 書上之法，首先列固定資負與淨值部分，得出差額即為 Working Capital 之淨增額，然後附一 schedule，將流動資負之增減分列之，以最後仍為 working capital 之淨增額，即覺條理較清，惟看表人仍須略有會計基本觀念，否則不知兩表間之一貫性也。

10月28日　星期五　晴
職務

　　上午到花旗銀行以 L/C 借外銷貸款五十萬元，以票據貼現五十四萬元，立即送存合作金庫，支付今日到期之原料價款二百餘萬元，此數本不敷用，因收入貨款一百餘萬，始兩相抵用。趙總經理詢問掛欠款項事，並索明細表，此事乃由馬副總經理進口汽車三十萬元所引起，新公司法不許有借款於個人之事，余揆其用意在希望余與馬二人能有逐月清理及不予發生之道，余表示如此最好，辦會計者無人希望濫借款項者。

10月29日　星期六　晴
職務

　　本公司進口原料 Methanol 本由日本輸入，最近因日本出口商發生聯營其他問題不能交貨，乃由 Mobil Chemical 東京代表洽妥，由美 Mobil 出面代為由美裝一船來台，Mobil 最初只開一發票，擬作為與本公司之 Intercompany 交易，自行轉帳，經本公司去信，因進口管制關係必須請其發出 draft 透過雙方銀行辦理，始改變辦法，然另一方面又寄來帳單謂已付本公司帳，望早日匯還，余即擬一復函，謂此事已由銀行辦理，本公司且已承兌其匯票，將於十二月間付款，請其於收到該款後即自行轉帳，不必涉及 Intercompany 間之往來云。

10 月 30 日　星期日　晴
師友

佟志伸兄來訪，談其處理金融檢查業務之所見，余並詢以外銷貸款之實況，佟兄似尚不知計劃性外銷貸款之具體手續，蓋余見台灣銀行所定此項貸款手續，須有押品，但似乎又不十分麻煩，故以相詢，又佟兄對於目前各信用合作社與合會自第八信用合作社案發生後，所受影響認為深值注意云。

參觀

下午，同德芳到士林園藝所看蘭菊玫瑰與盆景展覽，此次特色為中國蘭花品種特多，如素心，如劍蘭，如竹葉，如寒蘭，如春蘭，皆有幽香，員林玫瑰亦佳。

10 月 31 日　星期一　晴
慶弔

今日為蔣總統八十華誕，分別到政大校友會、國民大會及實踐堂新廈行禮簽名致敬，國大代表並公刻紀念品大理石小陳設，每人各得一枚，實踐堂則出特刊，一般人民亦皆額手稱慶。

娛樂

晚，紹寧在台大取來戲票二張，余與德芳到體育館看京戲公演，由台大同學蘇可勝、王馨東合演四郎探母，蘇並反串楊宗保，可謂多才多藝，王則嗓音甚亮，是其優點，余等於十時先退。

11月1日　星期二　晴

旅行

昨晚十時半乘夜快車由台北起身，南下赴高雄，於今晨七時到達，即至預定之克林飯店 407 號房。

職務

今日全日在高雄廠，與會計人員朱慶衍、顧嗣惠檢討在年底以前應從速趕辦之事項，尤其注意去年底左右菲律賓會計師人員與 Williams 雙方查帳所提各事項之執行情形，以及尚未執行者因何原因尚在懸而未決，並與袁慰亮廠長及鄭溱基等亦涉及其他有關之非會計事項。

11月2日　星期三　晴

職務

上午到工廠繼續與朱、顧二君談今年底以前應辦有關會計事項，尤其因涉及業務處所製加工品而發生之原料與帳面與實存之不符問題，此事甚棘手，但仍期有極有效之解決辦法。

娛樂

到華僑戲院看西德片春花秋月何時了，麗泰洛薇利主演，劇情片而甚富文藝氣息，一般德國片之共同作風也。

旅行

下午四時半由高雄乘觀光號火車返台北，於十時二十分準時到達。

11 月 3 日　星期四　晴

職務

到公司開始辦公，全日只為照料一切瑣碎事項而忙碌，並因有在高雄廠見其致本處文件已十餘日而未到者，即以電話通知其速送副本。

家事

今日下午一時半德芳乘快車赴員林，余於一時由公司到車站相送，因係不對號車，余於進站後見若干人走向中山北路方向，係在站外先謀上車，余亦前往，上車後車即開始進站，余即佔座位後託人代為保持，然後在車廂內往返兩次期與德芳相晤，然因乘客過多，致皆錯過，至車開即廢然而返。

11 月 4 日　星期五　晴

職務

為潘永珍君校閱其所擬 Expandable Polystyrene Plant 建立計劃，其原稿本已不及待余複核即行寄出，因接東京信謂有計算錯誤，乃澈底重作，余以一上午之時間加以複核，提出問題數點，但亦不主再改，但下午潘君又因馬副總經理將其中一項數字降低，又加以重算，再度要余複核，余見其上午不主再改實際可以改入者，亦未照改，見其成見甚深，而余又事務堆積不辦，故約略核對後即予退回。下午，樓上華夏塑膠公司突需款立往票據者 130 萬元，趙總經理囑本公司墊付，急與花旗銀行聯繫，以支票為抵，借信用放款一百萬元，一面先將自有之 30 萬元加入開給支票，然後借到後存入，並決定

代負利息。

參觀

　　參觀市議會祝壽插花展覽，凡各流派六、七種，具顯所長，又有菊花多盆，盆景多種，引人入勝，余最欣賞新竹之多肉植物，皆為小盆，然不落一般仙人掌之俗套，為其他各單位展覽所無，此等植物皆為枝葉完全，而姿態各異，愈細看愈有趣味，其名稱亦甚繁多，惜因為時已晏，不及細看，更未能抄記也。

11月5日　星期六　晴

職務

　　上午提早辦公，加速撰寫本月七日業務回報所應提出之報告資料，此為昨日計劃中應辦之事，因故延誤，好在資料昨日已齊，故今日只行文安排，一小時餘即成，其中特殊之處印於平時資料而外，加入最近所作一至九月之 Cash Flow Statement。（此表中文無通行名詞，余意可採「資金挹注表」，似甚妥當，但欠通俗。）

集會

　　上午，到國大代表聯誼會出席天母、石牌兩地計劃建屋之代表談話會，討論購地事宜，余到時正由一代表報告貸款之詳細情形，十分冗長，余因事須回公司，故未終而退。

娛樂

　　看電影「花落誰家」，片名甚美，而故事則充滿不近情理之事態。

11 月 6 日　星期日　晴
集會
上午參加政大校友會歡迎陳立夫氏茶話，陳氏演說寫作四書道貫之經過，且有風趣穿插，歷時一小時半而無倦容。
師友
蔡子韶太太訪美歸來，因德芳在員林未遇，今晨余往答訪。上午茶話席上遇朱興良兄，約來午餐，下午朱兄回台中，乃赴車站相送，並贈點心與英文字典等。

11 月 7 日　星期一　晴
職務
華夏公司向本公司借用 130 萬元於今日歸還，余即到花旗銀行還信用借款一百萬元及利息，此利息由本公司負擔，蓋公司不應放款也。下午，舉行業務會報，例將甚多時間用於工廠生產方面，關於會計方面余提出 Cash Flow Statement，但未再加說明，馬副總經理則據以強調應收帳款與存貨二項已將今年現金盈餘一千萬元吸進，故此二者應注意降低，主管業務之葛副總經理與吳幼梅經理各有解釋，但各有中肯者，亦各有文不對題之處，余未贊一詞，又對於結束新安公司加工帳務事，討論甚久，決定本週末止不能再有新資料提出，已有之資料速作結束，不遲於月底云。

11月8日　星期二　晴

職務

本公司人事規定為每人每年病假限十四天，事假七天，滿二年後有休假，但甚少有超出者，超出扣薪，本處徐太太病假已五十餘天，經人事部分擬議，會同余提出請趙總經理核准再加十四天，仍然超出部分即行扣薪矣，又渠每天兩次遲到，亦由文字提出，係因服藥後必須休息一小時，亦經醫師證明云。

瑣記

中山北路復興橋放寬，大型車輛禁行，多路公車停駛此橋，交通格外困難，固有各路車擁擠益甚，今日回寓竟歷時達二小時。

11月9日　星期三　晴

職務

本公司去年營利事業所得稅早經核定退稅，直至今日始辦手續，上午持憑其昨日所發通知及預繳稅單與公司印章、總經理印章及身分證到稅捐處一課二股領到收入退還書，乃到台灣銀行公庫部，余先發現該退還書共有三聯，完全由公庫收下，乃思本公司實收若干將無憑證，該行退稅習慣係退現款，則更無可稽考，乃要求其改退本票，商洽後同意，余收到後即回公司製影本後再送存往來銀行，如此即可作憑證附傳票矣。

11 月 10 日　星期四　晴
職務

　　為 Capital Expenditures 之 Evaluation 須作所謂 DCF rate，余在會計書上參考，或語焉不詳，或根本未有涉及，現悉 Mobil 已有此種 Manual 一種，余今日詳加參閱，略有印象，蓋因其所寫之方式為條文式的，必須前後對照，反復推敲，始得其詳也，惟其中為尋 DCF rate（Discounted Cash Flow）用作圖方法求出一節，尚不能知其用處，蓋不作圖亦已先知之也。

11 月 11 日　星期五　晴
職務

　　本月份應送紐約之月報表原擬於今日寄出，因習慣上不遲於十三日，而明後兩日皆為假期也，但臨時故障使此計劃難於完成，一為總分類帳今日方始記完，而試算表不能平衡，二為三種費用明細表因主辦之徐太太又突然生病，帳未記完，自更不能與總帳核對也。
體質

　　兩日來鼻部情況又轉不佳，一年來只有喉頭分泌物，但昨日起又有鼻內黃涕排出，入晚常因窒息而醒，飲食之嗅覺亦僅中午有之，早晚皆極遲鈍。

11 月 12 日　星期六　晴
職務

　　今日為國父誕辰 101 年紀念，休假一天，未到辦公室，在寓休息。

閱讀

聞有所謂新數學者，高中自去年採用，今年紹彭自秋季入高中，亦採用之，頗感困難，在書店見有小冊「集合淺說」，台大林鈺堂譯，其中認為集合觀念為新數學之重要成分，故提出說明，並闡釋其與倫理學與代數幾何之關係，余讀一遍，覺所論為以前所未聞，然其重點在說明任何事物之相互關係程度，內容並不複雜，但因過於抽象，有時感覺費解耳。

11月13日　星期日　晴

閱讀

讀梁容若著文學十家傳，附以正史及他家所為傳，並古今所作圖象與墨迹，有引人入勝之妙；十家者，杜甫、白居易、韓愈、柳宗元、蘇軾、歐陽修、陸游、袁枚、黃遵憲、梁啟超也，余特注意其白、蘇、陸、黃、梁諸家，而作者工力最深者恐為梁任公之末章，認為梁氏聰明過人，然務廣而荒，且熱中政治，自身亦以為病，否則其過人之成就，正不知將更如何驚人也。

家事

閱紹彭由員林寫來英文習題第五、六課，為之評閱寄回。

11月14日　星期一　晴

職務

本月份報表原應於今日寄出，但因試算表不能平衡，直至今日始將錯誤尋出，而經辦三種費用明細表之

徐太太又請病假，其明細表尚有二種細數未能與總帳一致，故仍須趕辦。編製十月份資本支出月報表，本月份亦只有支出十餘筆，加入上月累計數即可。Sycip 查帳人員今日將此間工作暫告段落，謂日內將從事其他工作，以待月底赴工廠查對盤存，今日將其所提若干會計科目問題指出與余交換意見，大至均係嚴格依科目定義而來，理論無誤。

11 月 15 日　星期二　晴
職務

上月份報表直至今日始成，原因為一則總帳試算表不平衡，二則明細表與總帳餘額不相等，前者已於昨日對出，乃係一筆重記之帳，後者則主辦之徐太太又請病假，今日起約臨時工作之高小姐前來協助，始告相符。作過去十個月之 Capital Expenditure 下之 AFE 之個別統計，此本逐一 AFE 逐月加註，但因未加控制，整個統計時即發現有漏記之帳項，經逐一再填入一張工作表，以補其失所控制之缺點。Sycip 查帳工作，部分告一段落。

11 月 16 日　星期三　晴
職務

準備於十九日發出本月份薪津，現因又多一項未有定額之因素，故必須一面填製，一面等待，此即工友亦准給加班費，其計算以職員之加班為準，而減半計算，在職員加班申請未完全收到以前，無由計算，故往往因

一職員之資料不到，等待其本人之到，又需於其本人者
到達後再等待總務部分計算工友部分，甚為繁瑣。公司
交通車於今日起開始由嘉賓以計程車辦理，四人一部，
公司貼半數，余本參加一線，因有五人之多，須減去一
人，余自動退出，目的在使路遠者無困難，余則藉此仍
可不致放棄部分上下班路程步行之機會。

11 月 17 日　星期四　晴
職務

　　高雄廠催撥補付港務局地價，此事醞釀已久，因各
廠商反對，迄未照繳，但預料終不可免，現所應繳者為
第一次款，即算至去年九月只應補之兩期價款（每期五
分之一）及由於去年九月該局誤記少收一年間所欠四期
地價之利息九成，共約九十萬元，乃該局所算四期地價
之利息於舊價外又加入新價超過部分，溯及既往，不合
情理，經早函告該廠注意交涉，乃置之不理，待余只匯
九十萬元，始因情急而飾謂不含追加價款之利息，乃以
電話通知，並補作細帳寄往。

11 月 18 日　星期五　晴
職務

　　高雄廠來函續索其認為其應繳港務局之款，已不認
為其中不含追加部分利息，而謂依照購地切結，應追算
利息，余對馬副總經理詳細說明後，彼亦同余之意見，
並主張請律師、會計師解釋。

師友

　　訪王培五女士，取來託其蒐集之建國中學一年級本學期第二次月考試題，將寄紹彭參考。

11 月 19 日　星期六　陰雨
職務

　　為應繳港務局之利息應否溯及既往，約程寶嘉會計師談其見解，但此人甚忙，來後如驚鴻一瞥，只將資料取去，謂後日再行接洽，並認為須與辦理民事較多之律師研究，此亦為余所慮及者，故一併委託，請其轉洽，余為此一問題之經過不致過於繁瑣，經將主要算法之內容加以摘錄作成簡表一份，備會計師與律師研究之依據焉。

師友

　　李鴻嶽律師之子媳來電話，謂願將景美土地出售，徵詢意見，大約每坪可售三百七、八十元，余當託其一同辦理。

11 月 20 日　星期日　陰
體質

　　左足背有一小疙瘩，有時甚癢，有時無感，經已數月，曾用足癬藥膏藥水更翻早晚擦塗，一度已有消除之象，但停治後，漸漸又見恢復，其頑強一如足癬，大只如小米，不累足癬，昨晚奇癢一次，塗藥水後即止，此次之癢為前所無。

交際

　　丘青萍兄之獨生女今日在悅賓樓結婚，接喜柬往賀，並參與喜筵，在座所遇多民國十六年北伐時之過來人，已四十年前事矣。

11 月 21 日　星期一　陰

職務

　　自去年開始製造聚苯乙烯加工品，造成管理上之極大困擾，諸如台北存貨散存辦公室與代銷商，互相收受而手續紊亂，貨物出手半年以上忽以品質不良為由而退回，或貨款已收而又生折讓，折讓已定而又按原價退貨，發送樣品漫無限制，贈品對方為誰，亦無憑證可考，馴致以紊亂為正常，囑其早作清理，又有無從下手之感，且對於會計人員之以手續相責，認為苛細，而生怨懟，轉瞬年終，又不知將何以了結也。

11 月 22 日　星期二　晴

職務

　　上午到交通銀行訪趙葆全兄，適其國外部經理阮蔭麟君亦在，乃將設 Expandable Polystyrene 新廠計劃面交，請研究後通知，如適合條件，即備正式公函申請，但余恐其未必通知，故歸後即準備申請，不料下午業務小型會報時，馬副總經理對於照過去向該行貸款由 Mobil 擔保 51% 之方式不甚贊成，且須先待 Mobil 核定 AFE 後再說，故對該行公文只有延緩，然自計劃一定即須付 Know-how 美金一萬元，其時交行貸款未定，外

貿會亦未必早作決定，該項外匯如何支付，在會中尚未
獲結論也。

11 月 23 日　星期三　晴
職務

　　Mobil 之 ICA（International Chart of Accounts）有
關損益表部分之會計科目將於明年改訂，秋間已寄來印
品兩次，昨日又來一次，謂該兩次均仍取消，蓋此次比
較更為詳細也，余細閱知其重點在規定費用之大分類科
目與小分類目，前者乃就機構之不同而分，如研究，推
銷，管理等，後者乃就費用之性質而分，如薪工、交際
等，雖說明簡單，必係二者配合為用者，又加一標準成
本科目，說明係為各單位自酌採用者，又關於將採用
Direct costing 制度，則此中一字未提，有意抑無意，未
之知也。

11 月 24 日　星期四　晴
職務

　　兩月前業務會報時曾決定對於聚苯乙烯加工品建立
Job Order System，但不同於分批成本制度，因標準費用
率未有建立也，此制度之目的在注意推銷費用算在一起
後，某筆銷貨之實際盈虧為如何，余今日先詢業務處其
Sales Order 發出情形，知號碼不能劃一，僅外銷有嚴格
之 Export Order，其需要此項分析又遠過於內銷，故決
定先由外銷著手實施，經通知工廠以後支付出口費用概
須註明 Export Order No.，一面公司支出部分由本處作

表分析，並分列於月底估計已出口而未付費用之交易，
以為計算應付費用之基礎。

11月25日　星期五　晴曇
職務

去年由吳幼梅君經手與董端始律師訂約委辦十噸甲
醛機器報廢案，因稅捐處之 54 年營利事業所得稅對本
公司已結案，且因此項報廢案核准，全部退稅如所預
期，乃決定支付公費，余同時因吳為原經手人，乃將原
合約交其再閱一遍，彼亦無異辭，但不久即因其所屬貝
君執原文一曖昧文句，謂此款亦可解釋為須待兩年後
30 噸機器所得稅未受影響始為結案，而以避嫌之態度
囑余與董通電話，引起董之不快，彼仍以為不足，分詢
趙、馬等總副經理，最後始由馬君告余，仍應照付，葛
副總經理亦云然，真節外生枝也。

11月26日　星期六　陰雨
職務

高雄廠土地漲價事因今日程寶嘉會計師作最後回
話，認為其所聯繫之蔡天鐸律師已表示之意見，即港務
局之要求漲價部分加算利息依照買地時之切結並無不
可，提出要求或進行訴訟皆無把握，此為最後之意見，
余乃將款匯高雄廠照繳，歸根言之，此仍為一政治問
題，因切結書上未提利息字樣，在數月來交涉之時如早
將此點提出，該局未必不接受也。

11月27日　星期日　晴
體質

鼻疾近日又有變遷，自去年由楊天河診治服中藥後，本已由鼻轉入喉頭，每日由口內咳出黃液，現在喉頭分泌又減少，由左鼻醒出者為多，其情形一如前年開刀以前，右鼻亦甚少，開刀前則絕無，又嗅覺兩鼻均失，僅每日中午前後有短時之恢復，故右鼻之本來完全無病者，開刀後亦轉不如前矣。右足掌有濕氣潰爛，三數日幸告愈，連日因不能步行，搭車兩次去公司，極感不便。

11月28日　星期一　晴
職務

大凡為人處世，無論治公律己，最難之事與最不外求之事無過於自制，所謂去心中之賊難也。本公司馬副總經理精明強幹，聰慧過人，凡所建白，大率中肯，然處事多不為同仁所服，其原因即為克己功夫太差，例如動即責人以工作不力，時間不守，公私不分，其實其本人對此病固常犯之，彼晨間到公固早，而午後則否，其本人動主節省開支，其本人則用於欲用，至於動輒由公司墊款掛帳，致趙總經理時時查問其帳欠若干，則尤引為主管人員之忌，然彼則不悟也。

11月29日　星期二　晴
職務

因工廠用地漲價一百餘萬元，須作為資本支出之增

加，乃準備種種應有之手續，其一為草擬一種地價漲前與漲後之支付數額比較表，俾其區別與增加之本息負擔得以一目了然，其二為將經過情形再加說明，備函發送此表於東京 Mobil 代表之 Kinsella，其三為代總務處擬定一項 AFE，將準備追加數折算美金，由總副經理簽字後轉東京簽認，至於列帳方面，將俟上項手續完成後於十二月間一面借入土地科目，一面借入利息科目，今年連補繳數達 70 萬元。

11 月 30 日　星期三　晴

職務

業務處自經營聚苯乙烯加工品而採委託小廠代製方式以來，帳務紊亂不堪，僅往來之新安公司一家，即數月來不能軋清存欠數字，一度謂已將代製者算清，其後又因退貨與轉送代銷者為數不明，數額又成不能確定，此事尚未弄清，又有據稱代買原料加入尚未向本公司算收，如此不絕如縷，月初開會時乃由馬副總經理予以截止，過期不得再予承認，但現在又有由工廠報來退貨單證，其報單雖為現在，而其收到日期則遠在九月，諒因為數不定，以致遲延報來，於是該截止日期又須打破，如此又希望年底前結清，正不知有若干新問題之發生也。

集會

革命實踐研究院 21 期同學舉行聚餐，現已結業十四週年，席間並決定續收會費與補助一貧病交迫之有戰工同學，人情味極為洋溢。

12月1日 星期四 晴
職務

　　本公司休假制度前本決定為滿二年開始，於滿後之一年內使用，按人計算，現又改為一律劃一，不按人計算，即皆由曆年計算，然到職例有不足一年之期間，經決定優待，即在滿兩年之當年以予以休假，因此有前年十一、十二兩月到職者，年前即可有一星期之休假，此本為以前所無，故同仁中紛紛請求於年前休假，加以本來可以早休者，因習慣上拖延之關係，亦累積於此最後一月，於是乃有影響辦公之情形，正謀兩全云。

12月2日 星期五 晴
職務

　　聯合國財務專家荷蘭 Meeny 君在經合會中小企業輔導小組為顧問，今日在該小組邀集塑膠同業公會部分會員座談，到七八人，余代表本公司參加，並因工會請理事長本公司總經理趙廷箴出席，故余作為代表趙氏出席，Meeny 君報告其任務與分業座談宗旨後，即逐一交換意見，蓋渠見余不須譯述轉達也，余未提出任何困難，只謂借款並無困難，而利息負擔則嫌重云。寫作下星期開每月會報用之會報資料交總務處。馬副總經理今日為生日，全體以蛋糕、水果、咖啡為壽。

12月3日 星期六 晴
職務

　　因上月份到期之進口原料價款極少，本月份亦尚須

至十八日始有大數支付，而早已準備應付之土地第三期
款因港務局擴建處尚與廠商在交涉單價問題中，日內亦
不須支付，經即決定用多出之頭寸歸還高雄交通銀行貸
款一部分，於今晨匯該行。本公司自辦理聚苯乙烯加工
品後，銷售情形太過繁瑣，尤其退貨可以隨時為之，以
致帳目處理困難，且因超出統一發票所准許之沖銷營業
稅限期，本公司平添許多稅務負擔，經通知業務處對於
無把握之銷售改為託銷方式。

12月4日　星期日　晴

參觀

　　參觀故宮博物院，數月來所更換者以書畫為特色，
而最突出者為蘇、黃、米、蔡四家書法，各有行楷數
件，稀世之珍，又有宋人冊頁，多為工筆山水花卉，間
有動物，陳列櫃中，可以逼視，纖細處皆可入目，此外
則銅器有毛鼎散盤等，皆拓有釋文，可資對照，至於玉
器瓷器與書版、文物、雜器等件，似未更換。

體質

　　左鼻流黃涕現象，勢將纏綿，因鼻腔用力，有時略
有頭痛。

12月5日　星期一　晴偶雨

職務

　　本公司與趙廷箴董事長所主持之其他公司如華夏、
開南等，常因向銀行借款出立借據由高級人員代為保證
之事，皆照例蓋章，其意無非完全形式，作保之人並無

承還之實際責任，今日馬副總經理與余討論常有華夏持支票請本公司用公司名義背書，其責任如何，余認為其意義亦與上述同，但因公司不能作保，但如此即可不受不能作保之限制，形式上公司有責，但只限於行使追索之時，當非背書之原意，故事實上無責任，亦不能作會計紀錄，但請代蓋之葛副總經理作備查紀錄已足。

12 月 6 日　星期二　陰雨
職務

稅捐處張、王二君來檢查營業、印花二稅，但亦注意扣繳所得稅，對於去年所付義大利 Mazzechelli 之 Know-how 費，認為係中華民國來源所得，經余解釋其所得乃在義大利，始未再生枝節，但臨去堅欲取十一顧問車馬費收據，因只辦扣繳而收據未貼印花，謂漏貼金額不多，六十元罰十倍為六百元，此不過表示其工作非無成果而已，經討價還價，補貼五十元，取去將罰一百元。

師友

晚，朱興良兄來訪，甫訪泰國過港歸來，贈領帶、絲襪各一。

12 月 7 日　星期三　陰
職務

Sycip 人員之查帳已告一段落，今日其蕭君與 Allindada 來談二問題，一為報廢歸入去年盈虧之機器殘餘價值尚未入帳問題，因尚未實現與避免納稅之困

難，且價值難定，故尚無結論，二為 PS 工廠以產品供
PSF 工場作原料，按售價記帳致銷貨收入與成本皆虛提
高，余本將自下年實現，因彼如此主張，同意今年十二
月一次沖轉，又今年固定資產盤存發現不存之項目，即
將列入董事會開會紀錄，以為註銷之依據。晚，參加由
Winchester 召集之外資單位會計人員聚餐會。

12月8日　星期四　陰
職務
　　將去年遷廠後資產滅失之項目經再度審核清楚，並
與工廠朱會計課長核閱後，報送董事會加入紀錄。將今
年工廠資本支出預算及修正案與公司總務處資本支出及
追加案，又明年工廠與公司新預算，一併報送董事會核
定加入紀錄。晚，舉行本處同仁聚餐及談話會，對於新
年度之會計事項交換意見，到共六人。
師友
　　上午到榮民總醫院探望廖毅宏兄之病，自星期晚中
風臥床，至今未醒，昨日一度危篤，今日始轉安，謂一
週內如無危險，將有病愈希望。

12月9日　星期五　陰細雨
職務
　　為開發公司提供本公司概要資料，以供聯合國來該
公司考察業務之參考，其中有公司資本、三年來主要產
品生產銷售量與銷售收入額、生產能量與公司負責人等
項，因時間迫促，今日完成，其中大部分可由已送報表

內抄出，小部分仍須探詢或由文卷內查核，費時頗多，此項資料係由業務處吳經理轉達而來，但至將資料送去後，始知吳君同時又將一部分請工程部門填送，但在交余之綱要內仍為全部，以致重複工作，而吳君則似尚不知，此人處事常有老邁現象，此其一端也。

12 月 10 日　星期六　陰
職務

Sycip 查帳人員又來為微細事項提出意見，蓋彼因鑑於 Mobil 會計制度內對於累積盈餘應避免增減之規定，於本公司今年所發生之在累積盈餘內借貸事項須加以彙計並說明其來歷，除日前對於去年所得稅退回係在累積盈餘內已有與 Mobil 之往返函件證明 Mobil 已予承認外，尚有前者所得稅退回淨額新台幣千餘元，因未有類此之根據，彼即主張仍轉回至本年純益內列支，以使累積盈餘科目在本年所發生之借貸趨於單純，當即予以接受。

12 月 11 日　星期日　晴
譯作

半年來進行譯述之開發中國家農業經濟論，係台灣省合作金庫所特約，早已完成四篇，第一篇於八月或九月刊出（未見刊物，只收稿費），第二篇於九月間送出，至今未知已否刊登，因而三、四兩篇譯好暫存，但該庫辦事人員似乎多有脫節，例如隋玠夫處，余兩度告以第一篇未見刊物，希望照補，彼只口允而迄今兩月未

辦，今日將第三篇加以潤色，感覺行文甚為流暢，淺顯
之文言實遠優於白話，即定稿於明晨寄去，並函告玠夫
兄第四篇已大部完成，月底必可寄往云。

12月12日　星期一　晴

職務

　　下午舉行業務會報，以檢討工廠事務如歲修等事占
去大部分時間，其與會計有關者，一為上月底工廠盤存
已經辦完，待財產明細帳記載完畢即可核對發生之盈
虧，而予以調整，如有大數並須詳加說明，二為與新安
公司加工之帳目已遷延一年，年底前務必結束，縱列呆
帳亦無所謂，三為過去每月會報本處所提資料如每月重
要損益數字，仍嫌過於詳細，下月起取消，文字內容亦
極力避免涉漏財務秘密。

12月13日　星期二　晴

職務

　　明年本公司擴建 Expandable Polystyrene 生產設備，
本擬向交通銀行借美金貸款，但因擬議中之條件為由銀
行擔保，而依往例由 Mobil 轉託銀行之 51% 部分不肯
轉託，正須另行覓致押品，今晨馬副總經理謂昨遇花旗
銀行美籍副理梅君，彼願承做此項貸款，今晨梅來共
談，余亦參加，彼先提初步要點，並取去資產負債表。

師友

　　昨晚張中寧夫人電話告廖毅宏兄前晚病逝，今晨訪
廖太太予以安慰，並詢後事，據云定十九日開弔，並云

生前已申請退休，尚未核定，而自病倒至死，未獲一言
為憾云。

12 月 14 日　星期三　陰
職務

　　上月份應送紐約之月報表於今日製成，余並寫一函
作大要之分析，所有數字均超出預算，但因增提呆帳準
備及出口較多之關係，故純益數比上月為略遜。編製上
月份資本支出表送紐約，此月份發生項目不多，故甚簡
單，且原始資料係由工廠會計朱君抄好交余，惜彼未將
轉帳項目前已列入而應於本期減列者照算，以致虛列太
多，須查照帳列一一予以轉正耳。去年遷廠今年盤點已
經報損之固定資產三十餘萬元（折舊後餘額）於今日轉
帳，作十二月份損失。

12 月 15 日　星期四　晴
職務

　　因將向花旗銀行申借美金貸款採購國外機器設備，
擴充發泡聚苯乙烯工廠，前日梅君來談後，今日其林君
來電話查詢十月份資產負債內之短期借款與長期借款以
及應收帳款等明細數字，余與作答後，即詢以何以梅
君允於昨日送來有關資料表格迄未收到，彼謂即係兩年
Cash Flow 與五年預算，用本公司固有亦可，用該行之
表格，亦可照送，乃約定明晨送來，先是晨間余本有意
到該行一行，然為馬副總經理所阻，彼不知洋人亦未必
言行相隨也。

12月16日　星期五　雨

職務

上午，花旗銀行派林君送來空白 Cash Flow 表格，須填前後五年之數字，但謂如有已做好者，亦可不填，余即將本公司之 1967-1971 Objective 交其參閱，並約定將彼之格式與本公司之 Objective 交換核閱，再行商談。編製本月份 Payroll，此次除曾因為一甚長之電話而將視線淆亂致誤填搽去數字外，全部順利完成。

瑣記

十年一次之戶口普查於今晨 0 時至 6 時完成，到余寓者為一中年公教人員，甚有禮，其時為午夜後一時未到，於點認在寓人數後在身分證蓋章。

12月17日　星期六　雨時晴

職務

上午到花旗銀行辦理貼現與外銷貸款，以供支付本日到期之華僑銀行經付進口原料價款，該行辦事手續甚為迅速，然已費時一小時半，由九時開始，待支票開好後即去合作金庫，時為十時半，第一次交換票據於此時截止，經與花旗銀行再檢討能否更快，決定採用該行最近與合作金庫安排之轉帳方式，其法為在借款之時即填一張轉帳申請書，將票據（貼現用）交花旗行，即不必等待其支票開出，由該行開出後逕送合作金庫轉帳，如此即不受交換時間限制矣。

12 月 18 日　星期日　陰雨
家事

德芳由員林交貨運寄來橘子二簍，係十五日交運，因十六日戶口普查，或有延誤，到後打開見有破損，不足百分之五。

師友

到建國中學訪陳丹誠先生，依德芳來信送去橘子一簍，余與陳氏係初見，因有鄉誼，相談甚投契。王慕堂兄來訪送月曆，余未遇。

慶弔

下午到和平東路送廖毅宏兄喪儀，其夫人在家，今晚由二子在殯儀館守靈。

集會

下午到古亭區合作社投票選理監事，並領福利金十元，扣增股八元，餘二元。

12 月 19 日　星期一　晴
職務

下午到花旗銀行與林君談其正在填寫中之本公司 Cash Flow Statement，余並將 1966 之實際數字以十一個月加十二月預算數與最近所擬之 1967 預算數開示，以代替上星期所交之 Objective 內五年內所列之兩年數字，因今明兩年已有新數字也。

慶弔

上午，到中央日報參加羅家倫先生七十大壽慶祝酒會，羅氏並分贈「新人生觀」一冊，內容即其當年在校

之講演也。上午到市立殯儀館弔廖毅宏兄，並送殯至大
直天主教公墓，入土後始歸，已午後一時。

12月20日　星期二　晴

職務

　　全日為瑣屑事務所困，一為每月照例應造送趙總經
理之應收款明細表，經送閱後對於新安公司欠額三萬餘
元要求說明內容，經為逐一開列，送閱後謂須早結，馬
副總經理則認為寧肯作為呆帳，毋任拖至明年，二為
每半月須有簡要數字報至東京區，今日適主管人請假，
余乃就帳列自行查抄，三為本年度資本支出預算經高雄
廠修正並送董事會後，其中有一筆超出百分之十，須作
Deficiency Authorization for Expenditure，經編好後並備函
送出，諸如此類，不一而足。

12月21日　星期三　晴

職務

　　本公司之原料之一 Methanol 向由日本進口，最近
日本缺貨，國際行市亦看高，適省內長春已生產，本公
司已經改用國產，而日本丸紅飯田亦得以改向其他方面
善價而沽，乃有酬報本公司不買之舉，洵奇談也，該款
一萬餘美元，將在紐約分期支付，今日余到花旗銀行接
洽，託轉向紐約行開戶，其錢君交來印刷品 Resolution
一種，須董事長或授權秘書親到該行簽字，聲明係某日
董會通過授權，此一規定亦令人稱奇也。

家事

　　數年未歸之衍訓，今日來晤，談已調升武勝艦副長，巡弋馬祖基隆間。

12 月 22 日　星期四　晴

師友

　　上午，訪黃鼎丞兄，贈水果，並託其夫人代買製福州酒用酒麴等物。

集會

　　下午，到中山堂辦理國大代表年會及光復大陸設計研究委員會年會報到事宜，其時已甚清閒，蓋大部分已於上午辦過也。下午到中山堂出席國大黨部黨員大會，在冗長之報告中，余先退席。下午參加革命實踐研究院歡迎聚餐，飯後並在新廈大禮堂演戲，由大鵬平劇隊演盜寶庫（蔣治萍與陳良俠主演），武功甚好，四進士（哈元章、嚴蘭靜主演）搭配甚好，場地尤佳，余因時晏甚倦，未終而返。

12 月 23 日　星期五　晴

集會

　　今日為光復大陸設計研究委員會年會第一天，余上下午均出席，上午為一般討論，下午為李國鼎部長報告經濟。晚，全體聚餐於光復廳。

交際

　　中午，在會賓樓參加國大代表山東同鄉聚餐，席間聞此次年會未發招待費二千元，係因最近立監委員每人

補全年職務加給六千元，在向蔣總統簽請撥款時，將二案合併，結果總統以為在平等待遇外又有要求，乃予以批駁，而無人敢於再事干請，現又醞釀借款二千元，待扣還辦法決定後可發，有令人啼笑皆非之感。

12月24日　星期六　晴

集會

下午，到中山堂參加光復大陸設計研究會全體會議，會議今日為最後一天，余上午未往，晚並參加全體聚餐。

娛樂

國民大會代表年會晚會今日開始第一天，余往觀賞，由海光國劇團李金棠、趙原、劉玉麟合演大漢中興，此劇以斬經堂為高潮，而加以首尾，首以王莽為主角，尾以劉秀（係老生）為主角，歷時二小時半，立意極佳，且加佈置燈光，變換神速，乃一大膽之新試驗。

12月25日　星期日　雨

集會

上午，出席憲政研討委員會第一次會議，蔣總統出席致詞，於九時半開始宣讀，至十時畢，接開大會，余因事早退。下午舉行國大代表年會，由兼行政院長嚴家淦報告並討論提案。

瑣記

前日所記招待費事，昨晚接到國大黨部通函，謂決定自四月份起扣還，晨間遇同仁云，此款原不擬在未決

定扣還前接受，以免形成惡例，致將以往應照例發給之
款變為借支，今日秘書處已開始發出，憑借條支取，當
係交涉尚未畢也。

12 月 26 日　星期一　陰
職務

因明日出差，將本週應辦各事預作安排，其一為應
交花旗銀行之 Cash Flow Statement 經周君依余指出各
點修正後，於下午送至該行面交林君，林君以為預測太
好，反有不需貸款之虞，故主略加修改，余囑其與周君
再直接商洽，二為年初須付二百五十萬元而貼現票據亦
不足，乃先洽合作金庫二百萬信用放款，該庫因本公司
久未借款，以前調查表已無現在資料，經重填二張於下
午送往，主辦黃君認為尚須補充，余乃囑孔君辦理。馬
副總經理對於各項產品之真正損益主新年後作更進一步
之分析，頗有見地，但成本偏高，乃一顯然之事實。

12 月 27 日　星期二　陰
旅行

上午九時乘觀光號火車南下，十二時半抵員林，德
芳在車站相迎，乃步行至所住育英路110 號之18 俞宅，
俞太太並備酒菜，德芳亦有數色，甚可感也。
師友

因紹彭在員林實驗中學就讀，得友人協助之處甚
多，乃於晚間到中學拜訪有關之老師，先訪王永義君，
並陪同訪問已退休之莊仲舒氏，又訪問紹彭之級任晁秀

璞氏，最後訪英文教師徐承烈氏，徐氏最為用功，而為
狀亦似最為寒苦，此外將訪校長楊鵬飛兄，因赴台北未
返，託王永義君致意焉。

12月28日　星期三　晴

旅行

上午八時半乘光華號火車由員林啟程南下，德芳至
車站送行，於十一時五分到高雄，住預定之克林飯店
房間。

職務

下午到工廠與朱慶衍課長談年終有關各項會計問
題，今年因盤存於十一月底辦完，故可以從容處理其他
有關各事，至於盤存所發生之重大盤虧與盤盈亦皆製成
表冊等候解決，其中較為繁瑣之事為新安公司退回廢
料，余告以應依年底必須與該公司結清之原則處理，縱
公司有損亦無妨也。

12月29日　星期四　晴

職務

上午到工廠，與會計人員朱慶衍顧嗣惠二君檢討
來年會計工作，對於最近 Mobil 所定之製造費用分為
Variable 與 Non-variable 二部分是否應分為二個會計科
目一點交換意見，余認為須看 Non-variable 部分如何處
理而定，並依 Direct Costing 之方法，此不變部分不加
入製造單價，則應另立科目，然 Mobil 所定格式仍然將
不變部分減除後始為 Gross Profit，則又似為一修正方

式，故尚無結論，又二人提出一項改進銷貨會計之方式，頗有見地，但實際如何尚待進一步詳加檢討也。

旅行

下午四時半由高雄乘觀光號火車北上，十時二十分抵台北。

12 月 30 日　星期五　晴

職務

出差三天，回公司百端待理，並值歲暮，而 Sycip 查帳人員復在從事沙裡淘金，瑣屑甚多，工廠需款，即日必予以匯撥，而四天年假後又須賡續支付到期票據二百餘萬，交行貸款十二日到期，又須辦理延展手續，合作金庫又申請信用借款，以備支付須補繳之土地差價，種種蝟集，不覺日暮即西矣。本公司生產聚苯乙烯業已一年，前經向稅捐處與建設廳分請五年免稅，建廳方面因在獎勵類目內所列之聚苯乙烯以用苯及乙烯為原料者為限，而本公司之生產程序為用進口苯乙烯以製聚苯乙烯，但申請時曾指明生產之前即曾呈准財政部轉奉行政院准予專案照准，俟類目修正時列入本公司產品，故本公司產品應不受此項限制，今日葛副總經理云，經濟部對此事正感棘手，如能提供有力資料，應予挽回，乃由余查卷並集合葛氏與翟總工程師所提其他理由，寫成節略一件備用。

12月31日　星期六　晴

職務

上午同葛副總經理到經合會投資業務處訪王覺民氏，面交余所草擬之節略，其中係以王氏之語氣說明本公司聚苯乙烯獲得核准五年免稅之經過，及不應受獎勵類目內所限生產方式之限制，彼對此自皆有同情，但認為如能在對財政部申請之時曾經指明生產程序，則即可肯定生產程序絕對不受以後之限制，乃決定再行檢查案卷，凡可以有類似跡象之處，皆充分予以提供云。

師友

上午訪隋玠夫兄於合作金庫，並晤其有關之徐專員，隋兄昨日曾來送稿費未遇，今日面取。

附錄

收支表

月日	摘要	收入	支出
1/1	上月結存	85,134	
1/1	觀劇、郵票		30
1/5	車票、水果、食品、洗衣		120
1/8	上月火食、水果、食品		220
1/9	理髮、食品		35
1/12	水果、酒		45
1/17	酒、水果、車錢		45
1/18	工役年賞		100
1/18	皮鞋		250
1/19	本月台達薪	7,500	
1/19	家用		4,000
1/19	建業車馬費	75	
1/19	內衣、咖啡、洗衣		205
1/22	車費、水果		30
1/23	理髮、唱片、唱片針		55
1/25	水果		40
1/26	車票		50
1/31	水果		15
1/31	二月份國大待遇	3,500	
1/31	公保、黨費、同人捐、稅		92
1/31	二月份房眷貼	280	
1/31	修屋貸款 23 期		328
1/31	提名代表聯誼公費		200
1/31	本月中飯		145
1/31	家用		7,000
	合計	96,489	13,005
	本月結存		83,484

月日	摘要	收入	支出
2/1	上月結存	83,484	
2/1	理髮、水果		35
2/7	水果、冷剛鋒女喜儀		130
2/9	水果、食品		25
2/15	水果、車錢		35
2/18	水果、車錢		25
2/21	理髮、食品、車錢		65

月日	摘要	收入	支出
2/23	車票、藥品、水果		85
2/24	二月台達薪	8,000	
2/24	晶盒、食品		45
2/28	三月份國大待遇	3,500	
2/28	公保、黨費、同人捐		67
2/28	三月份房貼眷貼	280	
2/28	修屋貸款扣回		328
2/28	光復會二、三月車馬費	400	
2/28	同仁捐		40
2/28	水果、書刊、食品		40
2/28	家用		10,800
	合計	95,664	11,725
	本月結存		83,939

月日	摘要	收入	支出
3/1	上月結存	83,939	
3/1	咖啡一磅		60
3/5	藥品、水果		70
3/7	理髮、食品		20
3/8	上月聚餐、水果		195
3/13	請同人點心、食品、水果		185
3/19	車票、書刊		55
3/19	本月台達薪	7,800	
3/19	書、衣料、茶		1,670
3/21	理髮、唱片、食品		110
3/26	茶葉、食品請同人、水果		215
3/30	食品、水果		30
3/31	家用、食品		2,610
	合計	91,739	8,840
	本月結存		80,289

月日	摘要	收入	支出
4/1	上月結存	80,289	
4/1	同仁捐		20
4/1	本月國大待遇	3,500	
4/1	公保		37
4/1	本月房貼眷貼	280	
4/1	修屋貸款 25 期扣		328
4/1	本月光復會車馬	200	
4/1	黨費		20

月日	摘要	收入	支出
4/6	食品、水果、車錢		35
4/9	上月午餐		185
4/10	電影、食品		50
4/14	食品、水果		40
4/18	理髮、食品、水果、書刊、洗衣		85
4/19	車票、酒、鞋油		95
4/20	本月待遇	7.800	
4/20	藥品、食品		75
4/20	家用		3,000
4/21	咖啡二磅、食品		135
4/27	酒、水果		55
4/30	趙廷箴母安葬花圈、家用		7,525
4/30	五月份待遇	3,500	
4/30	公保		37
4/30	五月份房貼眷貼	280	
4/30	修屋貸款 26 期		328
4/30	五月份光復會車馬	200	
4/30	黨費		10
4/30	本學期子女教育費	940	
	合計	96,989	12,060
	本月結存		84,929

月日	摘要	收入	支出
5/1	上月結存	84,929	
5/1	理髮、書刊		10
5/4	上月中餐食品、		200
5/6	連退庵、田子敏母喪儀、食品		235
5/7	酒		75
5/9	咖啡二磅、食品、牙刷、藥丸		160
5/15	食品、理髮、修筆、點心、髮蠟		75
5/16	車票、食品		60
5/19	本月待遇	7,800	
5/19	食品、家用		3,850
5/23	酒、食品、香皂		160
5/30	旅行阿里山		1,170
5/31	六月待遇	3,500	
5/31	家用		6,450

月日	摘要	收入	支出
5/31	六月房貼眷貼	280	
5/31	公保、扣貸款 27 期		365
5/31	六月光復會車馬	200	
5/31	勞軍、同仁捐		101
5/31	加發一個月	2,300	
5/31	加發一個月所得稅		24
	合計	99,009	12,935
	本月結存		86,074

月日	摘要	收入	支出
6/1	上月結存	86,074	
6/1	食品、水果、書刊		60
6/9	上月火食、衣料、食品		275
6/15	水果、食品		40
6/18	本月待遇	7,800	
6/18	家用		5,000
6/21	端節役賞		100
6/23	紹彭報考		50
6/25	車票		50
6/26	鄺宏啟父喪儀		100
6/29	張拙夫母喪、公請吳學忠		145
	合計	93,874	5,820
	本月結存		88,054

月日	摘要	收入	支出
7/1	上月結存	88,054	
7/1	水果、食品		50
7/2	本月國大待遇	3,500	
7/2	公保、家用		7,837
7/2	本月房貼眷貼	280	
7/2	同仁捐、黨費、藥皂		265
7/2	本月光復會車馬	200	
7/2	修屋貸款扣 28 期		328
7/6	上月火食、水果		195
7/6	送員林水果及自用		155
7/10	潭墘 53 上地稅、食品		85
7/11	理髮、水果		50
7/13	公請陳小珍、馬賓農		190
7/16	電影、食品		60
7/20	本月待遇	7,800	

月日	摘要	收入	支出
7/20	周煥廷喜儀、食品		380
7/24	電視、食品		8,415
7/26	車票、理髮		75
	合計	99,834	18,805
	本月結存		81,749

月日	摘要	收入	支出
8/1	上月結存	81,749	
8/1	肥皂一期、林乃秋子喜儀		180
8/1	本月國大待遇及光復會車費	3,980	
8/1	公保、屋貸、同人捐		435
8/2	食品、藥品、唱片		125
8/6	嚴以霖父喪儀		100
8/9	上月午餐		185
8/11	水果、理髮		25
8/14	趙公魯嫁女喜儀		100
8/15	公請翟元堃、吳幼梅		200
8/17	孔繁炘岳母喪儀		50
8/20	本月待遇	7,800	
8/20	修鞋、車票、戲票、水果		140
8/20	家用		3,900
8/27	水果、理髮、書刊		45
8/30	食品		30
8/31	家用		7,800
8/31	車錢		10
	合計	93,529	13,325
	本月結存		80,204

月日	摘要	收入	支出
9/1	上月結存	80,204	
9/1	公保、黨費		47
9/1	本月國大待遇及房貼	4,000	
9/1	同人捐		120
9/1	補七、八兩月房貼	600	
9/1	修屋貸款扣		328
9/1	本月光復會車馬費	200	
9/1	肥皂二期		70
9/1	本月眷貼	80	
9/1	捐實踐堂		100
9/1	車錢、點心、藥皂、玻璃盒		110

月日	摘要	收入	支出
9/2	車錢、食品		20
9/3	酒、書刊、食品、木材、水果		80
9/5	觀劇、食品		45
9/8	上月午餐		190
9/9	蛋糕、水果、食品、理髮		115
9/13	聚餐、車錢		15
9/17	建業中學車馬費	75	
9/17	書刊、郵票		85
9/18	車票、戲票、書刊		95
9/18	胡家爵子喜儀		100
9/19	水果、鐵絲		20
9/20	本月待遇	7,800	
9/20	家用、郵票		3,515
9/20	馬忠良子喜儀		100
9/21	家用、匯費		2,004
9/21	吳挹峰氏書畫集印費		200
9/21	農業信用論第一篇稿費	960	
9/21	家用		860
9/22	咖啡、水果、食品、王昱子祖母壽		190
9/24	理髮、食品、水果		45
9/24	牟尚齋伯父喪儀		100
9/27	送姑丈食品、酒、水果		130
9/27	修表		80
9/29	中秋工役賞		80
9/29	書刊、食品		25
9/30	十月國大待遇	4,000	
9/30	壽險		37
9/30	十月眷貼	80	
9/30	黨費同人捐		80
9/30	十月光復會車馬	200	
9/30	肥皂三期		70
9/30	修屋貸款扣 31 期		328
9/30	贈崔唯吾氏蛋糕		265
9/30	藥品、茶葉、車費		135
9/30	家用		4,800
	合計	98,199	14,584
	本月結存		83,615

月日	摘要	收入	支出
10/1	上月結存	83,615	
10/5	上月中餐、郵票、水果		200
10/6	酒		30
10/8	喬修梁子喜儀、理髮		210
10/9	電影、食品		55
10/10	萬家保喜儀		100
10/12	九月加發	2,800	
10/12	水果、藥皂、食品		45
10/13	酒		51
10/15	車票		48
10/15	水果、食品、酒		52
10/19	水果、書刊		30
10/20	本月待遇	7,800	
10/20	紹因用		10
10/23	水果、車錢		25
10/25	電影、食品		90
10/29	蛋糕		80
10/29	酒、水果		40
10/29	煙		10
10/31	下月研究費	800	
10/31	公保		37
10/31	下月公費	1,500	
10/31	黨費、同人捐		120
10/31	下月集會費	1,500	
10/31	修屋貸款扣 32 期		326
10/31	下月房貼眷貼	280	
10/31	領帶、酒、書、食品、卡片		165
10/31	光復會車馬費	200	
10/31	家用		12.900
	合計	98,495	11,626
	本月結存		83,869

月日	摘要	收入	支出
11/1	上月結存	83,869	
11/1	書刊		10
11/4	酒、水果、髮藥、郵票		65
11/6	贈朱興良兒書及食品		160
11/6	理髮、車錢、食品		30
11/8	上月中餐		170
11/8	水果、酒		60
11/8	紹彭書		20

月日	摘要	收入	支出
11/9	書二冊		45
11/9	車票		50
11/11	食品、水果		20
11/15	酒、食品、水果		60
11/18	水果、酒		55
11/19	本月待遇	7,800	
11/19	唱片唱針		75
11/19	食品、藥品、燈泡、車錢		80
11/19	家用		2,700
11/20	食品、理髮		20
11/20	丘青萍嫁女喜儀		100
11/22	書刊、食品、黃豆		45
11/24	水果、食品		45
11/28	食品、水果、書刊、郵票		35
11/29	家用		7,600
11/29	黃豆、書刊、水果		20
11/30	十二月份待遇	1,500	
11/30	研究費、公保		37
11/30	十二月份公費	800	
11/30	黨費		10
11/30	十二月份集會費	1,500	
11/30	同人捐		328
11/30	十二月份房貼	200	
11/30	扣修屋貸款 33 期		60
11/30	加發一個月	2,800	
11/30	藥品、食品		100
11/30	十二月光復會車馬費	200	
11/30	同人捐		60
	合計	98,669	12,060
	本月結存		86,609

月日	摘要	收入	支出
12/1	上月結存	86,609	
12/1	書刊、食品、酒		55
12/3	牙膏、水果、食品、酒、鞋油		80
12/4	理髮、車錢、參觀券		25
12/6	上月中午火食		180
12/8	送廖毅宏兄水果		90
12/8	車錢、食品		15
12/10	紹寧衫、食品、車錢、水果		90

月日	摘要	收入	支出
12/13	酒、食品、水果		55
12/15	水果		25
12/17	咖啡、酒、郵票、食品		180
12/18	理髮		10
12/18	廖毅宏奠儀		400
12/19	本月待遇	7,800	
12/19	午飯、車費		20
12/19	實踐研究院 21 期會費		100
12/19	家用		5,000
12/20	酒、衛生紙、奶水		60
12/21	藥品、食品		20
12/22	託買酒麴		50
12/23	聚餐、藥品、食品		95
12/24	唱片、拍照、郵票		85
12/25	年會借支	2,000	
12/25	家用（員林 1,000、台北 2,000）		3,000
12/25	家用		4,900
12/25	車票、毛衣、贈員林房東物		450
12/30	酒、黃豆、水果		50
12/31	一月份公費	1,500	
12/31	公保		37
12/31	一月份集會費	1,500	
12/31	黨費		10
12/31	一月份研究費	800	
12/31	修屋貸款 34 期		328
12/31	一月份房貼	200	
12/31	同仁捐		130
12/31	一月份光復會車馬費	200	
12/31	柳餅、太陽餅、肉酥		120
12/31	本學期子女教育費	1,000	
12/31	家用		1,100
12/31	農業信用論第二次稿費	700	
12/31	唱片、戲票、點心		100
	合計	102,309	16,860
	本月結存		85,449

吳墉祥簡要年表

1909 年　　　出生於山東省棲霞縣吳家村。

1914-1924 年　入私塾、煙台模範高等小學（11 歲別
　　　　　　　家）、私立先志中學。

1924 年　　　加入中國國民黨。

1927 年　　　入南京中央黨務學校。

1929 年　　　入中央政治學校（國立政治大學前身）
　　　　　　　財政系。

1933 年　　　大學畢業，任大學助教講師。

1937 年　　　任職安徽地方銀行。

1945 年　　　任山東省銀行總經理。

1947 年　　　任山東齊魯公司常務董事兼董事會
　　　　　　　秘書長。
　　　　　　　當選第一屆棲霞國民大會代表。

1949 年 7 月　乘飛機赴台，眷屬則乘秋瑾輪抵台。

1949 年 9 月　與友協力營救煙台聯中校長張敏之。

1956 年　　　任美國援華機構安全分署高級稽核。

1965 年　　　任台達化學工業公司財務長。

1976 年　　　退休。

2000 年　　　逝世於台北。

民國日記 91

吳墉祥在台日記（1966）
The Diaries of Wu Yung-hsiang at Taiwan, 1966

原　　著　吳墉祥
主　　編　馬國安
總 編 輯　陳新林、呂芳上
執行編輯　林弘毅
封面設計　陳新林
排　　版　溫心忻、施宜伶

出　　版　**開源書局出版有限公司**

香港金鐘夏慤道 18 號海富中心
1 座 26 樓 06 室
TEL：+852-35860995

民國歷史文化學社 有限公司

10646 台北市大安區羅斯福路三段
37 號 7 樓之 1
TEL：+886-2-2369-6912
FAX：+886-2-2369-6990

初版一刷　2022 年 1 月 27 日
定　　價　新台幣 400 元
　　　　　港　幣 110 元
　　　　　美　元 15 元
I S B N　978-626-7036-62-4
印　　刷　長達印刷有限公司
　　　　　台北市西園路二段 50 巷 4 弄 21 號
　　　　　TEL：+886-2-2304-0488

http://www.rchcs.com.tw

國家圖書館出版品預行編目 (CIP) 資料

吳 墉 祥 在 台 日 記 (1966) = The diaries of Wu
Yung-hsiang at Taiwan,1966/ 吳墉祥原著 ; 馬國
安主編 . -- 初版 . -- 臺北市 : 民國歷史文化學社有
限公司 , 2022.01

　面；　公分 . -- (民國日記 ; 91)

ISBN 978-626-7036-62-4　（平裝）

1.CST: 吳墉祥 2.CST: 臺灣傳記 3.CST: 臺灣史
4.CST: 史料

783.3886　　　　　　　　　　111000328